Jochen Weber

Erfolgreiches Marketing für Personaldienstleister

Konzeption für große Zeitarbeitsfirmen

igel Verlag
RWS

Weber, Jochen: Erfolgreiches Marketing für Personaldienstleister: Konzeption für große Zeitarbeitsfirmen, Hamburg, Igel Verlag RWS 2014

Buch-ISBN: 978-3-95485-110-2
PDF-eBook-ISBN: 978-3-95485-610-7
Druck/Herstellung: Igel Verlag RWS, Hamburg, 2014

Bibliografische Information der Deutschen Nationalbibliothek:
Die Deutsche Nationalbibliothek verzeichnet diese Publikation in der Deutschen Nationalbibliografie; detaillierte bibliografische Daten sind im Internet über http://dnb.d-nb.de abrufbar.

Hermannstal 119k, 22119 Hamburg
http://www.diplomica.de, Hamburg 2014
Printed in Germany

Inhaltsverzeichnis

Abkürzungsverzeichnis

AG	Aktiengesellschaft
AÜG	Arbeitnehmerüberlassungsgesetz
BA	Bundesagentur für Arbeit
BGB	Bürgerliches Gesetzbuch
BIP	Bruttoinlandsprodukt
BVD	Bundesvereinigung Deutscher Dienstleistungsunternehmen
BZA	Bundesverband Zeitarbeit Personal-Dienstleistungen e.V.
CGB	Christlicher Gewerkschaftsbund
CGZP	Tarifgemeinschaft Christliche Gewerkschaften Zeitarbeit und PSA
CIETT	Internationaler Verband der Zeitarbeitsunternehmen
DGB	Deutscher Gewerkschaftsbund
IAB	Institut für Arbeitsmarkt- und Berufsforschung
iGZ	Interessenverband Deutscher Zeitarbeitsunternehmen e.V.
INZ	Interessengemeinschaft Nordbayerischer Zeitarbeitsunternehmen e.V.
IT	Informationstechnologie
HRM	Human Resource Management
OECD	Organisation für wirtschaftliche Zusammenarbeit und Entwicklung
PSA	Personal-Service-Agentur
PR	Public Relations
SGB III	Drittes Buch des Sozialgesetzbuches
TV	Tarifvertrag
WSI	Wirtschafts- und Sozialwissenschaftliches Institut der Hans-Böckler-Stiftung, des Förderwerkes des DGB
ZEW	Zentrum für Europäische Wirtschaftsforschung

Vorbemerkung

Aus sprachlichen Gründen wird lediglich die männliche Form verwendet. Dabei sind selbstverständlich sowohl weibliche als auch männliche Personen gemeint, auch wenn nur die männliche Wortform verwendet wird.

Abbildungsverzeichnis

Tabellenverzeichnis

1 Einleitung

Zeitarbeit ist auch in Deutschland eine seit Jahrzehnten etablierte Dienstleistung. Die Idee der Zeitarbeit in ihrer heutigen Form hatten die beiden amerikanischen Anwälte Elmer L. Winter und Aaron Scheinfeld im Jahr 1947. Das erste Zeitarbeitsunternehmen eröffnete 1960 sein Büro in Deutschland.[1] Seit 1972 gibt das Arbeitnehmerüberlassungsgesetz (AÜG) die rechtlichen Rahmenbedingungen zur Arbeitnehmerüberlassung vor.[2]

Vor allem in den letzten Jahren hat die Zeitarbeit ein großes Wachstum erlebt.[3] Politiker und Arbeitsmarktforscher sehen die Zeitarbeit als „Brücke" in reguläre Beschäftigung.[4] Bundeswirtschaftsminister Wolfgang Clement hat in seiner Rede vor dem Deutschen Bundestag die Notwendigkeit einer weiteren Liberalisierung des Sektors so begründet:[5] *„Auch Zeitarbeit und Leiharbeit sind grundsätzlich zumutbar. In Zeitarbeit und Leiharbeit liegt ein erhebliches Beschäftigungspotential in Deutschland. Wir haben dieses Potential lange nicht ausgenutzt, wie die Beispiele in vielen hoch entwickelten Volkswirtschaften um uns herum zeigen".*

Die sozialwissenschaftliche Forschung sieht in der Zeitarbeit dagegen in erster Linie eine „prekäre Beschäftigungsform", mit niedrigeren Löhnen, hohem Mobilitätszwang und unsicheren Beschäftigungsperspektiven. Der Zeitarbeitnehmer ist bei dieser Sichtweise mittendrin (im Arbeitsleben) aber nicht dabei – wegen des als minderwertig angesehenen Status der Leiharbeit.[6]

Neben diesen höchst unterschiedlichen Ansichten zur Zeitarbeit und ihrem immer noch umstrittenen Image ist die Zeitarbeit gleichzeitig auch ein ganz normaler Wirtschaftszweig. Die Branche erbringt professionelle Dienstleistungen, die von Unternehmen in Anspruch genommen werden. Der Zeitarbeitsmarkt befindet sich aus einer ganzen Reihe von Gründen im Umbruch.

In dieser Zeit ist das Marketing im Sinne einer marktorientierten Unternehmensführung[7] als Reaktion auf geänderte Umweltbedingungen besonders gefragt und steht vor großen Herausforderungen. Deshalb ist es besonders spannend, den Blick auf das Marketing von Zeitarbeitsfirmen in einer Zeit des Wandels zu richten.

---

[1] Vgl. Mitlacher (2004), S. 9
[2] Vgl. Urban-Crell/Schulz (2003), S. 44
[3] Vgl. Bellmann (2004), S. 135
[4] Vgl. zum Beispiel Jahn (2004), S. 232
[5] Vgl. Clement (2002)
[6] Vgl. Vogel (2004), S. 8

1.1 Ausgangslage und Problemstellung

Zeitarbeit ist eine Dienstleistung, bei der Arbeitskräfte temporär an Unternehmen überlassen werden. Die im Jahr 2002 eingesetzte Kommission für „Moderne Dienstleistungen am Arbeitsmarkt“ (so genannte Hartz-Kommission) hat die Zeitarbeit sogar in Form der Personal-Service-Agenturen (PSA) nach § 37b des Dritten Buches Sozialgesetzbuch (SGB III) als staatlich geförderte Arbeitnehmerüberlassung durchgesetzt.[8]
Im Rahmen des so genannten Hartz I – Gesetzespaketes („Erstes Gesetz für moderne Dienstleistungen am Arbeitsmarkt“) wurde die Arbeitnehmerüberlassung (so der Gesetzesbegriff für die Zeitarbeit) weiter dereguliert. Das Synchronisationsverbot, das die Einstellung eines Zeitarbeitnehmers für die Dauer eines Entleihauftrages untersagt, wurde ebenso aufgehoben wie das besondere Wiedereinstellungs- und Befristungsverbot und die Beschränkung der Höchstüberlassungsdauer auf 24 Monate.
Neben diesen gesetzlichen Änderungen wurde über den Umweg des equal pay und equal treatment des § 3 Abs. 1 Nr. 3 in Verbindung mit § 9 Nr. 2 AÜG der Branche ein Tarifzwang für die Zeitarbeitnehmer verordnet, da sonst das gleiche Arbeitsentgelt und die gleichen Arbeitsbedingungen eines vergleichbaren Stammarbeitnehmers des jeweiligen Entleihbetriebes zu gewähren wären.[9]
Gleichzeitig verbesserte sich das Image der Zeitarbeit in den letzten Jahren. Gerade von den neuen Tarifverträgen ab 2004 kann in dieser Hinsicht noch eine positive Wirkung, hin zu mehr Sicherheit und Vertrauen der Arbeitnehmer in diese Beschäftigungsform, ausgehen.
Auch auf der Kundenseite hat sich so manches verändert. Der höhere Flexibilitätsbedarf der Unternehmen und das Streben nach Kostenoptimierung schaffen eine Grundlage für weiteres Wachstum der Zeitarbeit.[10] Viele Unternehmen sind zunehmend bereit, zeitlich befristete Lösungen mit externen Partnern einzugehen.
Auch wenn es einen Trend hin zu mehr Flexibilität und damit günstige Voraussetzungen für die Zeitarbeit gibt, ist diese Entwicklung doch nicht abgekoppelt vom gesamtwirtschaftlichen Wachstum.
Vor diesem Hintergrund findet das Marketing von Zeitarbeitsfirmen statt und es besteht die Notwendigkeit auf diese Herausforderungen – wenn man die positive Formulierung wählt – oder auf einige Probleme der Branche (bei kritischer Betrachtung) zu reagieren.

---

[7] Vgl. Meffert/Bruhn (2003), S. 3
[8] Vgl. Ulber (2003), S. 7
[9] Vgl. Lembke (2003), S. 98 ff.
[10] Vgl. Schenck (2002), S. 17 f.

1.2 Ziel der Untersuchung

Das Ziel dieser Untersuchung ist es zu Beginn, den Markt für Zeitarbeit systematisch in Angebot und Nachfrage zu gliedern und dessen wesentliche Bestandteile zu beschreiben.

Es gibt verschiedene Theorien, wie die der Neuen Institutionenökonomie und des Dienstleistungsmarketing, aus denen für das Marketing von Dienstleistungsunternehmen, wie Zeitarbeitsfirmen, Erkenntnisse abgeleitet werden können. Dieses Hintergrundwissen soll für die Entwicklung einer eigenen – möglichst idealtypischen - Marketingkonzeption für große Zeitarbeitsfirmen genutzt werden.

Theoriegeleitete Konzeptionen müssen sich immer erst noch in der Unternehmenspraxis bewähren. Deshalb soll die Konzeption einer Marketingmanagerin einer großen Zeitarbeitsfirma vorgestellt und von dieser bewertet werden. Durch das Experteninterview soll festgestellt werden, ob das eigene Konzept vollständig ist und die vorgeschlagenen Ziele, Strategien und Instrumente für das Marketing von großen Zeitarbeitsfirmen überhaupt relevant sind.

Anschließend soll der Versuch unternommen werden, die empirisch gewonnenen Erkenntnisse in die theoriegeleitete Marketingkonzeption zu integrieren.

Nachdem in Literatur und Forschung noch ein erhebliches Defizit zum Marketing von Zeitarbeitsfirmen besteht, können diese Untersuchung und deren Ergebnisse nur einen ersten Anfang machen und eine Grundlage für weitere Forschung legen.

1.3 Wissenschaftliche Methodik

Diese Untersuchung verbindet zwei verschiedene Forschungsansätze. zum einen wird der Markt für Zeitarbeit beschrieben und es wird versucht mit vorliegenden Daten und Veröffentlichungen praxisrelevante Probleme zu erfassen und zu konkretisieren.

Daran schließt sich eine Analyse und Auswahl von geeigneten Theorien für das Untersuchungsobjekt Marketing von Zeitarbeitsfirmen an. Aus theoriegestützten Erkenntnissen wird eine eigene Marketingkonzeption entwickelt.

Daraufhin wird wieder ein anderer Forschungsansatz gewählt: mit qualitativen Methoden der empirischen Sozialforschung soll ein erfahrener Praktiker beteiligt werden. Die Zusammenfassung der Expertenbefragung soll mit der Theoriekonzeption abgeglichen werden. Hierbei wird der Versuch unternommen, das theoretische Konzept mit den empirisch gewonnenen Erkenntnissen zu vergleichen und die beiden Daten beziehungsweise deren Schnittmengen zu einem Gesamtkonzept zu integrieren.

Dabei muss klar sein, dass die Untersuchung mit nur einem Experteninterview auf empirisch schwachen Füßen steht. Den methodischen Reiz dieser Studie machen die beiden unterschiedlichen Vorgehensweisen – einmal von der Theorie und einmal von der Praxis beginnend – aus. Es steht jetzt schon fest, dass das interessante Thema des Marketing von Zeitarbeitsfirmen noch weitere Forschung verlangt, die über diese Untersuchung hinausgeht.

1.4 Aufbau der Untersuchung

Die aufgeführte Problemstellung und die daraus folgenden Zielsetzungen werden in sechs Kapiteln bearbeitet.

Im *ersten Kapitel* erfolgt die Skizzierung der Ausgangslage und Problemstellung, des Ziels der Untersuchung, der wissenschaftlichen Methodik und der Aufbau des Buches wird beschrieben.
Der Inhalt des *zweiten Kapitels* ist eine Beschreibung des Marktes für Zeitarbeit in seinen verschiedenen und vielfältigen Facetten. Darin wird gezeigt, wie sich der Markt in den vergangenen Jahren entwickelt hat, wer die wichtigsten Akteure auf der Angebotsseite sind und welche Betriebe auf der Nachfrageseite die Dienstleistung Zeitarbeit in Anspruch nehmen. Aus geänderten Umweltbedingungen ergeben sich einige Herausforderungen für das Marketing vor allem von großen Zeitarbeitsfirmen.
Im folgenden *dritten Kapitel* werden mit der Neuen Institutionenökonomie und dem Dienstleistungsmarketing zwei Theoriebereiche vorgestellt, aus denen dann eine eigene Marketingkonzeption für große Zeitarbeitsfirmen entwickelt wird.
In *Kapitel vier* wird das theoretische Konzept auf seine Praxistauglichkeit überprüft. Eine Expertin bewertet den eigenen Ansatz auf seine Vollständigkeit und Relevanz für das Marketing von großen Zeitarbeitsfirmen.
Das theoretische Konzept wird im *Kapitel fünf* um die empirischen Erkenntnisse ergänzt und zu einer integrierten Konzeption weiterentwickelt.
Abschließend werden im *sechsten Kapitel* die Ergebnisse der Untersuchung zusammengefasst und es werden Ansätze für weitere Forschung herausgearbeitet.

2 Der Markt für Zeitarbeit

Der Markt für Zeitarbeit soll an dieser Stelle näher beschrieben werden. Er kann dem weiten Feld der Personaldienstleistungen zugerechnet werden. Nach übereinstimmender Meinung von Arbeitsmarktforschern und Branchenexperten hat er in den vergangenen Jahren ein stürmisches Wachstum erfahren.

Es werden die wichtigsten Anbieter und Nachfrager auf diesem Markt vorgestellt und die zukünftigen Herausforderungen beschrieben. Abschließend wird eine Verbindung zwischen der Dienstleistung Zeitarbeit, den Erfordernissen des Marktes und dem Marketing von Zeitarbeitsfirmen hergestellt.

2.1 Zeitarbeit als Teil des Marktes für Personaldienstleistungen

Der Markt für Personaldienstleistungen ist von zwei Entwicklungen gekennzeichnet: Zum einen ist ein großes Marktwachstum festzustellen, zum anderen gibt es einen Differenzierungsprozess der angebotenen Dienstleistungen.[11]

Personaldienstleister ist ein Sammelbegriff für die Unternehmen, die diese Dienste anbieten. Die Bezeichnung Personaldienstleistungen wird aber auch gleichzeitig für alle Personalfunktionen verwendet, die von externen Dienstleistern erbracht werden.

An dieser Stelle soll die Zeitarbeit als Begriff und Funktion konkretisiert werden. Sie ist zu weiten Teilen eine Konstruktion mit rechtlichem Hintergrund.

Die Zeitarbeit wird auch gegenüber anderen Personaldienstleistungen abgegrenzt. Neben den anderen Personaldienstleistungen gibt es benachbarte Märkte und indirekte Wettbewerber der Zeitarbeit, die nicht als Personaldienstleister bezeichnet werden. Deren Geschäft besteht überwiegend aus dem Einsatz von eigenem Personal bei Unternehmenskunden und sie stellen deshalb in bestimmten Konstellationen eine indirekte Konkurrenz zur Zeitarbeit dar.

2.1.1 Untersuchungsobjekt Zeitarbeit

Diese Studie hat als Untersuchungsobjekt die Zeitarbeit gewählt. Nachdem eine Vielzahl von ähnlichen Bezeichnungen für diese Dienstleistung existiert, muss zu Anfang

eine begriffliche Abgrenzung vorgenommen werden.

---

[11] Vgl. Vosberg (2003), S. V

Die Zeitarbeit oder Arbeitnehmerüberlassung ist zu einem großen Teil auch eine Konstruktion, die auf das Arbeitnehmerüberlassungsgesetz zurückgeht – also einen rechtlichen Hintergrund hat. Deshalb ist die Zeitarbeit auch gegenüber weiteren rechtlichen (Vertrags-)Formen wie dem Dienst- oder Werkvertrag und arbeitsrechtlichen Sonderformen abzugrenzen.

2.1.1.1 Begriffliche Abgrenzung

Neben dem Begriff Zeitarbeit werden synonym weitere Bezeichnungen wie Personalleasing, Leiharbeit und Arbeitnehmerüberlassung verwendet.[12] An dieser Stelle ist nun zu klären, welcher Terminus im weiteren Verlauf der Untersuchung verwendet werden soll. Für die Bezeichnung Zeitarbeit spricht, dass sich die Firmen selbst so nennen und diese Bezeichnung zum Beispiel in den Namen der Branchenverbände, wie zum Beispiel dem Bundesverband Zeitarbeit Personal-Dienstleistungen e.V. (BZA) oder dem Interessenverband Deutscher Zeitarbeitsunternehmen (iGZ e.V.), verankert ist. Auch einzelne große Anbieter wie zum Beispiel die DIS AG fügen ihrem Unternehmensnamen den Zusatz „Viel mehr als Zeitarbeit" bei.

Ein weiteres Argument ist, dass der Begriff Zeitarbeit am besten geeignet ist den temporären Charakter der vermittelten Arbeitseinsätze und die Dienstleistungsorientierung der Zeitarbeitsfirmen zu verdeutlichen.[13]

Die Bezeichnung Zeitarbeit entspricht auch am ehesten den international gebräuchlichen Begriffen „temporary work" oder „travail temporaire". Deshalb soll in dieser Arbeit in erster Linie die Bezeichnung Zeitarbeit verwendet werden.

Im rechtlichen Kontext werden vom Gesetzgeber unter anderem im Arbeitnehmerüberlassungsgesetz die Begriffe Arbeitnehmerüberlassung und Leiharbeitnehmer beziehungsweise Leiharbeitsverhältnis gebraucht. Wenn es um eine rechtliche Abgrenzung der Zeitarbeit gegenüber anderen rechtlichen Vertragsformen geht, wird deshalb in dieser Untersuchung auch der Begriff der Arbeitnehmerüberlassung verwendet.

2.1.1.2 Rechtliche Abgrenzung gegenüber Dienst-/Werkvertrag und Sonderformen

Unter dem Begriff Arbeitnehmerüberlassung ist ein durch zwei Vertragsbeziehungen gestalteter Tatbestand zu verstehen, der sich dadurch auszeichnet, dass ein Arbeitgeber

---

[12] Vgl. Watzka (1999), S. 1619
[13] Vgl. Mitlacher (2004), S. 19

(= Verleiher) einem Dritten (= Entleiher) einen oder mehrere Arbeitnehmer (= Leiharbeitnehmer) zur Arbeitsleistung für einen bestimmten Zeitraum überlässt.[14]

Dabei haben Zeitarbeitsfirma und Zeitarbeitnehmer einen Arbeitsvertrag abgeschlossen, mit allen daraus erwachsenden Pflichten. Der Arbeitgeber hat zum Beispiel eine Lohnzahlungspflicht, Beschäftigungspflicht, Fürsorgepflicht gegenüber dem Zeitarbeitnehmer und die Pflicht zur Zahlung der Sozialversicherungsbeiträge. Der Arbeitnehmer hat als Hauptpflicht seine Arbeitsleistung zu erbringen, allerdings nicht im Betrieb der Zeitarbeitsfirma, sondern im Entleihbetrieb. Der Entleihbetrieb hat das Recht die Arbeitsleistung des Zeitarbeitnehmers durch Weisungen zu steuern (Direktionsrecht).

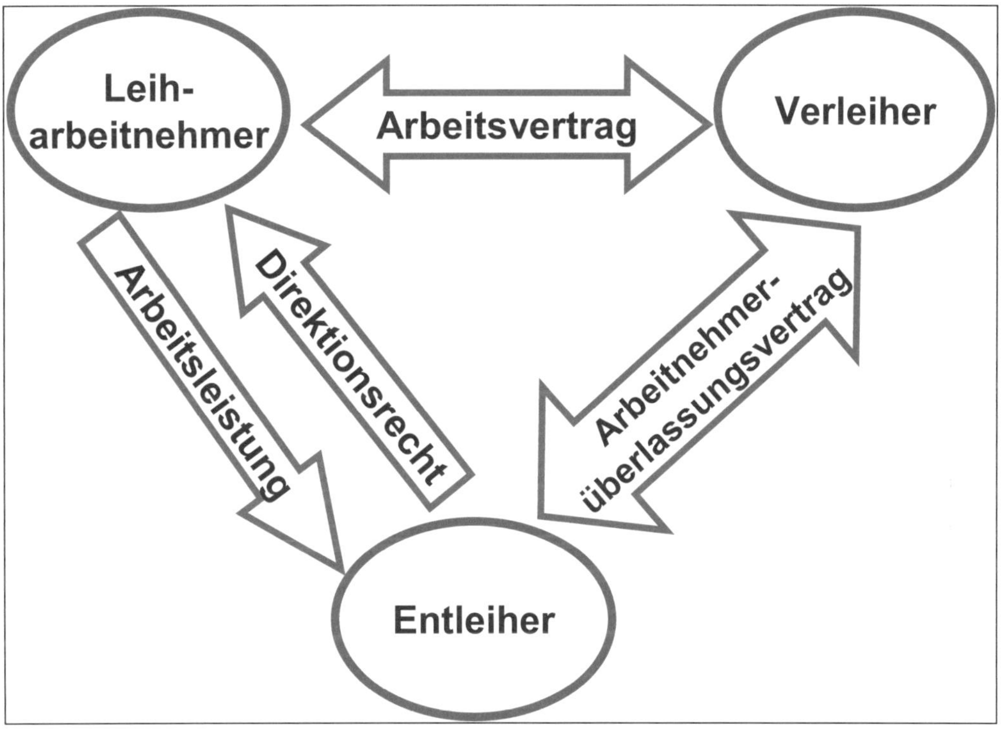

Abbildung 1: „Dreiecksverhältnis" der Arbeitnehmerüberlassung, Quelle: Eigene Darstellung

Der Arbeitnehmerüberlassungsvertrag regelt das Entgelt, das der Entleiher pro Einsatzstunde an den Verleiher zahlen muss. Daneben sind weitere Bestandteile eines Arbeitnehmerüberlassungsvertrages häufig eine Kündigungsfrist, die zeitliche Befristung, ein „Umtauschrecht" bei Qualifikationsmängeln des Zeitarbeitnehmers und die Verpflichtung des Verleihers, eine Ersatzkraft bei Urlaub oder Erkrankung zu stellen.

Die Bestimmungen des Arbeitnehmerüberlassungsgesetzes und die Verwendung des Begriffes Zeitarbeit in dieser Untersuchung gehen immer von einer gewerbsmäßigen

[14] Friedrich/Martin (2004), S. 209

Arbeitnehmerüberlassung aus. Das bedeutet, dass der Verleih regelmäßig betrieben wird, das Gewerbe auf Dauer angelegt ist und der Verleiher beabsichtigt wirtschaftliche Vorteile aus dem Verleih zu erzielen.[15]

Es gibt mit dem Werkvertrag (§ 631 BGB), dem Dienstvertrag (§ 611 BGB) und einigen Sonderformen, wie zum Beispiel der Überlassung von Maschinen mit Betriebspersonal, weitere rechtliche Konstruktionen, die der Arbeitnehmerüberlassung teilweise ähneln.

Der Hauptunterschied zwischen einem Arbeitnehmerüberlassungsvertrag und einem *Werkvertrag* besteht in dem unterschiedlichen Leistungsgegenstand. Gegenstand des Werkvertrages kann nach § 631 Absatz 2 BGB sowohl die Herstellung oder Veränderung einer Sache als auch ein anderer durch Arbeit und Dienstleistung herbeizuführender *Erfolg* sein. Beim Werkvertrag schuldet der Werkunternehmer somit die Herbeiführung eines bestimmten Arbeitsergebnisses, wie zum Beispiel die Installation einer Maschinenanlage oder auch die Erstellung eines Sachverständigengutachtens.
Der Verleiher ist demgegenüber auf Grund des Arbeitnehmerüberlassungsvertrages lediglich dazu verpflichtet, arbeitsbereite und arbeitsfähige Arbeitnehmer zur Arbeitsleistung bei einem Dritten (= Entleiher) zur Verfügung zu stellen. Der Entleiher besitzt ein Weisungsrecht und kann die vom Leiharbeitnehmer geschuldete Arbeitsleistung konkretisieren.

Im Gegensatz dazu wird beim *Dienstvertrag* kein bestimmter Erfolg, sondern die *Leistung der versprochenen Dienste* geschuldet.[16] Nach § 613 Satz 1 BGB hat der Dienstleistungsverpflichtete die Dienste im Zweifel in Person zu erbringen. Er kann sich dabei aber ebenso wie ein Werkvertragsnehmer eines oder mehrerer Erfüllungsgehilfen
(§ 278 BGB) bedienen. Das dienstleistende Unternehmen muss in eigener unternehmerischer Verantwortung die geschuldeten Dienstleistungen nach eigenem Plan ausführen. Das zum Einsatz gelangende Personal darf im Gegensatz zum Arbeitnehmerüberlassungsvertrag nicht in die Betriebsorganisation des auftraggebenden Unternehmens eingegliedert werden. Beispiele für Dienstverträge sind die Wartung von Maschinen und technischen Anlagen, die Durchführung von Bewachungsaufgaben oder Personal- und Unternehmensberatungsaufgaben.[17]

[15] Vgl. Becker (1988), S. 2562
[16] Vgl. Urban-Crell/Schulz (2003), S. 14
[17] Vgl. Becker (1988), S. 2567

Auch die vorübergehende entgeltliche *Überlassung von Maschinen mit dazugehörigem Bedienungspersonal* fällt nicht in den Anwendungsbereich des Arbeitnehmerüberlassungsgesetzes, wenn die Hauptleistung in einem Kauf-, Miet- oder Leasingvertrag für wertvolle Anlagen und Maschinen zu sehen ist und die Personalstellung lediglich Nebenleistungscharakter hat.[18]

Als Ergebnis des Vergleichs verschiedener rechtlicher Vertragsformen bleibt festzuhalten, dass der Betrieb häufig eine Wahlmöglichkeit besitzt, ob er seine Flexibilität durch den Einsatz von Fremdpersonal mit Werk-/Dienstverträgen oder Arbeitnehmerüberlassungsverträgen erhöhen will.[19]

2.1.2 Abgrenzung von Zeitarbeit gegenüber anderen Personaldienstleistungen

Zeitarbeit ist eine Personaldienstleistung von vielen anderen, auch wenn sie von Einzelnen als die wahrscheinlich umsatzstärkste Dienstleistung angesehen wird.[20]
Da nur die Zeitarbeit in dieser Untersuchung näher betrachtet werden soll, muss sie gegenüber anderen Personaldienstleistungen abgegrenzt werden. Daneben gibt es noch eine weitere Zahl an Märkten und indirekten Wettbewerbern zur Zeitarbeit, die allerdings meist nicht zu den Personaldienstleistungen gezählt werden und meist aus juristischer Sicht als Werk- oder Dienstverträge abgewickelt werden. Bei den Flexibilitätsentscheidungen von Unternehmen stehen sie aber häufig in Konkurrenz zur Zeitarbeit.

2.1.2.1 Andere Personaldienstleistungen

Eine Personaldienstleistung kann als externe, marktliche Erbringung von normalerweise betrieblichen Personalfunktionen definiert werden.[21] Die externen Dienstleistungen werden damit als Ersatz für die betrieblichen Kernfunktionen Personalbereitstellung, Personalausbildung und -entwicklung, Anreizgestaltung und Personalfreisetzung von Unternehmen eingekauft. Personaldienstleistungen werden hier als Oberbegriff für ein Bündel von vielen verschiedenen Dienstleistungen im Personalbereich verwendet. Dazu zählt sicherlich die Zeitarbeit, der das Hauptaugenmerk dieser Untersuchung gilt, aber auch die Arbeitsvermittlung, das Interimmanagement (von Führungskräften), die Personalberatung, das Outplacement, Aus- und Weiterbildungsangebote, Expertise für

---

[18] Vgl. Becker (1988), S. 2563
[19] Vgl. Hamann (2003), S. 20
[20] Vgl. Ernst & Young (2004), S. 6
[21] Vgl. Vosberg (2003), S. 22

Arbeitssicherheit, die Telearbeit und das so genannte „pay-roll"-Management (eine externe Lohn- und Gehaltsabrechnung).

Der Umsatzanteil der einzelnen Dienstleistungen am gesamten Markt für Personaldienstleistungen ist noch von keiner Stelle genau beziffert worden. Ernst & Young gehen in ihrer Studie von einem Anteil der Zeitarbeit von 90% aus.[22] Das erscheint etwas zu hoch gegriffen, da es eine reine Definitionssache ist, welche Dienstleistungen zum Personalbereich gezählt werden und auch andere Autoren von einem deutlich geringeren Anteil ausgehen.[23] Viele große Personaldienstleister bieten verschiedene Dienstleistungen an und weisen deren Umsatzzahlen gewöhnlich nicht exakt nach Geschäftsbereichen getrennt aus. Außerdem sind im Dienstleistungsbereich sehr kleine Unternehmen – zum Teil auch Einzelunternehmen – tätig, deren statistische Erfassung schwierig ist.

Es ist aber unbestritten, dass die Zeitarbeit die wichtigste externe Personaldienstleistung ist.

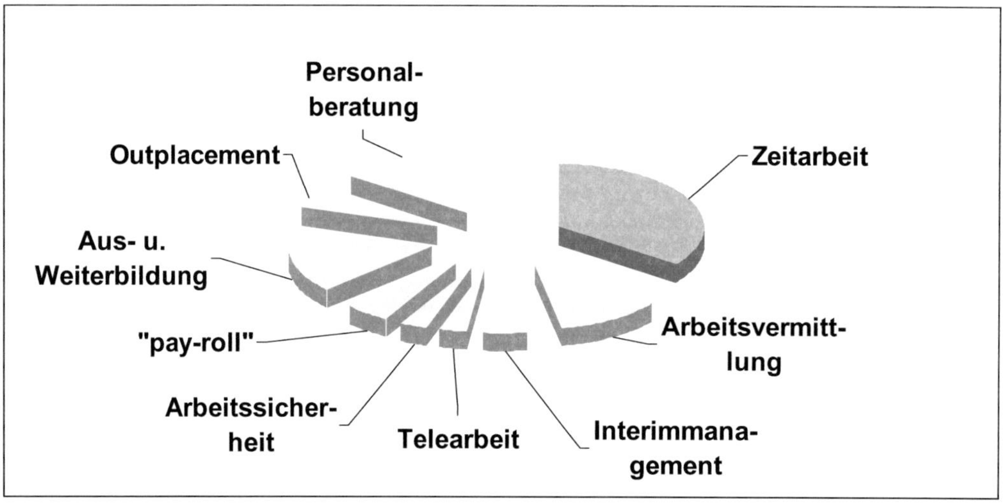

Abbildung 2: Verschiedene Dienstleistungen des Personaldienstleistungsmarktes, Quelle: Eigene Darstellung

2.1.2.2 Benachbarte Märkte und indirekte Wettbewerber

Die Zeitarbeitsfirmen bemühen sich um die Aufträge aller Unternehmen, die ihren Personalbereich flexibilisieren wollen. Eine Möglichkeit ist dabei die Aufteilung in eine unternehmenseigene Stammbelegschaft und eine Zweitbelegschaft aus Zeitarbeitnehmern.[24] Diese neue Personalpolitik ist vor allem für Unternehmen interessant, die

[22] Vgl. Ernst & Young (2004), S. 6
[23] Vgl. Vosberg (2003), S. 189 ff.
[24] Vgl. Böhm (2005), S. 554

entweder eine große Zahl an Mitarbeitern haben oder bei denen die Personalkosten einen Großteil der Kosten ausmachen. Die Zeitarbeitsfirmen stehen dabei in Konkurrenz zu anderen Dienstleistern, die Aufträge in Form von Werk- oder Dienstverträgen übernehmen wollen.

Es sind dies vor allem die Bereiche Logistikservices (zum Beispiel Dussmann Gruppe), Klinikdienste (zum Beispiel Schubert Dienstleistungsgruppe), Gebäudemanagement (zum Beispiel Piepenbrock), Sicherheitsdienste (zum Beispiel Securitas), IT-Dienstleister (zum Beispiel T-Systems), Call-Center, Cateringdienste und die Gebäudereinigung.

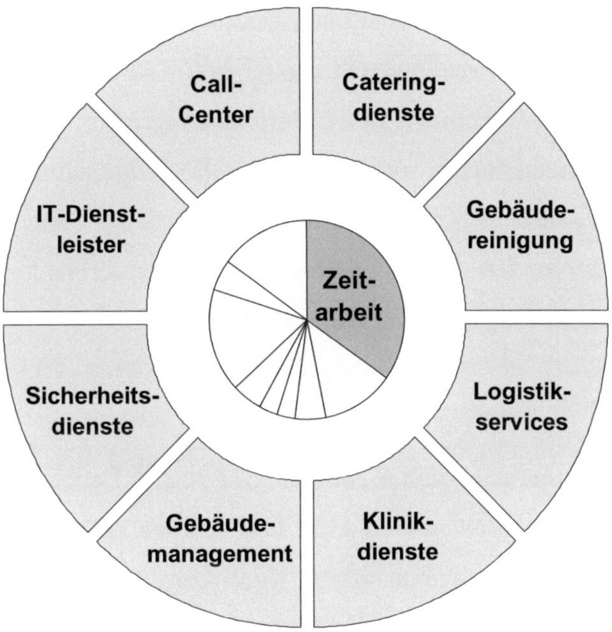

Abbildung 3: Benachbarte Märkte und indirekte Wettbewerber der Zeitarbeit, Quelle: Eigene Darstellung

Große Zeitarbeitsfirmen begegnen diesen indirekten Konkurrenten, indem sie ihrerseits auch das Outsourcing von bislang betrieblich erstellten Leistungen mit Werk- oder Dienstverträgen anbieten oder im Rahmen von „Inhouse-Lösungen" die Entleihbetriebe von der Weisungsverantwortung und Personalbetreuung der Zweitbelegschaft entlasten.[25]

[25] Vgl. Schönfeld (2003), S. 12

Eine zusätzliche indirekte Konkurrenz stellt die staatliche Arbeitsvermittlung durch die Bundesagentur für Arbeit und andere Träger wie Arbeitsgemeinschaften, Städte und Landkreise dar. Die so genannte Job-Vermittlung der BA ist der Tätigkeit eines Zeitarbeitsunternehmens in der freien Wirtschaft am ähnlichsten.[26] Sie bietet Kurzzeitjobs, also befristete Beschäftigungen von einem Tag bis zu maximal drei Monaten Dauer und kann ebenso wie die Zeitarbeit einen kurzzeitigen Personalbedarf von Betrieben decken. Daneben gibt es besondere Angebote für Studenten, Arbeit auf Messen, in Häfen und auf Großmärkten.
Die staatlich subventionierte Zeitarbeit durch Personal-Service-Agenturen ist nach Meinung der Bundesregierung (10. Bericht zur Arbeitnehmerüberlassung, 27.09.2005) keine Konkurrenz zur kommerziellen Zeitarbeit, da die PSA arbeitnehmerorientiert arbeiten, nur Arbeitnehmer mit Vermittlungshemmnissen beschäftigen und vor allem deren Übernahme in den Entleihbetrieb anstreben.[27] Die PSA treten dennoch nach Ansicht von Branchenvertretern in Konkurrenz zur regulären Zeitarbeit. Wegen der Subventionierung können die PSA bei ihnen angestellte Zeitarbeitnehmer mit besonders niedrigen Stundenverrechnungssätzen verleihen. Lediglich die Tatsache, dass sich auch Zeitarbeitsfirmen bei der BA um den Betrieb einer PSA bewerben können, bietet einen gewissen Ausgleich für die gestiegene Wettbewerbsintensität.[28]

2.2 Marktentwicklung

Der Zeitarbeitsmarkt befindet sich weiter im Aufwind.[29] Dabei ist die Entwicklung zweigeteilt: betrachtet man nur die Zahl der überlassenen Zeitarbeitnehmer, gab es in den letzten zehn Jahren fast nur deutliche Wachstumsraten. Dagegen konnten beim gesamten Marktvolumen und den Umsätzen der großen Zeitarbeitsfirmen große Schwankungen beobachtet werden.

2.2.1 Umsatzentwicklung der Zeitarbeit

Das Marktvolumen des Jahres 2004 wurde von der Lünendonk Unternehmensberatung in ihrer Marktstudie „Führenden Zeitarbeits- und Personaldienstleistungs-Unternehmen in Deutschland 2005" auf 7,5 Milliarden Euro geschätzt.[30]

---

[26] Vgl. Ditges (2000), S. 11 f., BA (2005b)
[27] Vgl. Bundesministerium für Wirtschaft und Arbeit (2005), S. 23 f.
[28] Vgl. Ernst & Young (2004), S. 20
[29] Vgl. Lünendonk (2005)
[30] Vgl. Lünendonk (2005)

Der Umsatz aller Zeitarbeitsfirmen unterlag in den vergangenen Jahren starken Schwankungen. Insgesamt aber mit positiver Tendenz. Es gibt keine geprüften und überzeugenden Daten für die Wachstumsraten. Verschiedene Einschätzungen von Lünendonk oder der Interconnection Consulting Group[31] wurden in der Vergangenheit immer von der Wirklichkeit eingeholt und hatten sich zum Teil als erhebliche Fehleinschätzungen herausgestellt. Alleine die Gesamttendenz war richtig. Die starken Bewegungen des Zeitarbeitsmarktes können auch exemplarisch an einer der großen Zeitarbeitsfirmen, der DIS AG, deutlich gemacht werden. Dieser Dienstleister hatte in den letzten Jahren folgende Veränderungsraten des Umsatzes:

● 2001: +13,7% ● 2002: -10,4% ● 2003: -6,1% ● 2004: +21,3% ● 2005: +13%[32]

Zwischen dem gesamtwirtschaftlichen Wachstum und dem Wachstum der Zeitarbeit scheint eine positive Korrelation zu bestehen. Dieser Zusammenhang wird als ein Faktor, der die Nutzung der Zeitarbeit beeinflusst, unter Punkt 2.5.2.5 noch genauer erläutert.

Der Umsatz der Zeitarbeitsfirmen geht in Geschäftsjahren mit ungünstiger Marktentwicklung stärker zurück als die Zahl der überlassenen Zeitarbeitnehmer, was für zunehmenden Wettbewerb und sinkende Preise spricht. Gleichzeitig sinkt bei den Firmen auch die Kapazitätsauslastung und verleihfreie Zeiten nehmen zu, was den Umsatz senkt, die Zahl der angestellten Zeitarbeitnehmer aber weniger stark reduziert, da die Firmen nicht sofort mit Personalfreisetzungen reagieren. Die Entscheidung über Personalfreisetzungen wird davon bestimmt, wie die Firmen die weitere kurzfristige Geschäftsentwicklung einschätzen und mit welchen Kosten bei Freisetzungen zu rechnen ist und welche Kosten für eine Wiedereinstellung, vor allem von qualifiziertem Personal, entstehen.[33]

2.2.2 Entwicklung der Zahl der überlassenen Zeitarbeitnehmer

Die Abbildung zeigt, dass sich die Zahl der Zeitarbeitnehmer seit 1993 positiv entwickelt hat. Sie ist von 121.000 im Jahr 1993 auf 357.000 im Jahr 2001 gestiegen.

[31] Vgl. Interconnection Consulting Group (2005)
[32] Vgl. DIS AG (2005), Geschäftsbericht 2004 und Prognose für 2005 aus Quartalsbericht I/2005
[33] Vgl. Pfeiffer/Paltauf (2003)

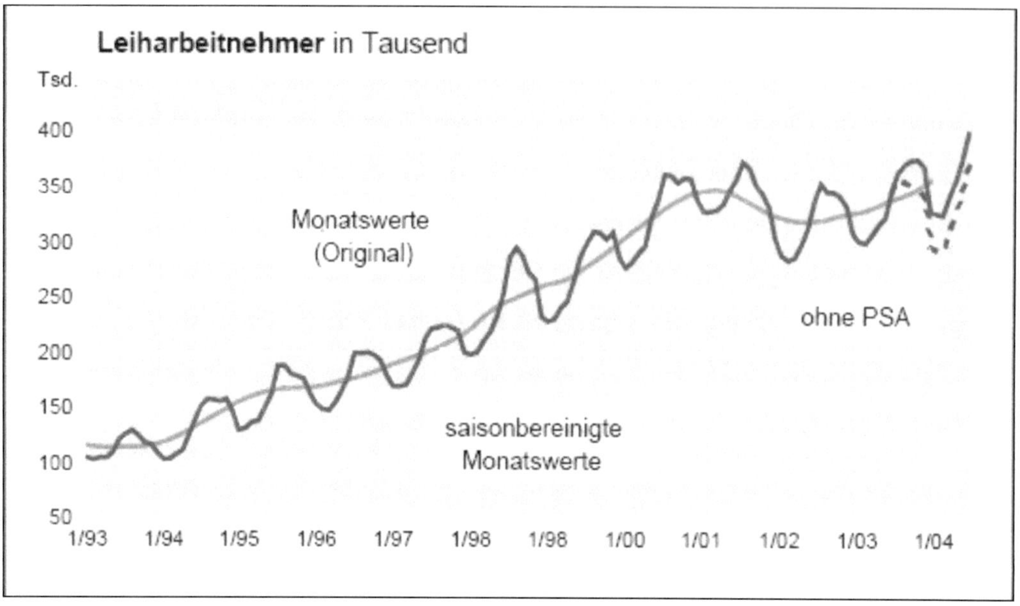

Abbildung 4: Entwicklung der Zahl der überlassenen Zeitarbeitnehmer, Quelle: IAB (Teil der Abbildung 1 aus Jahn/Wolf (2005), S. 2)

Bedingt durch die konjunkturelle Entwicklung ist sie im Jahr 2003 auf 349.000 gefallen (Stand jeweils zum 30.06. eines Jahres).

Der kräftige Anstieg der Zeitarbeit auf 399.789 Zeitarbeitnehmer im Jahr 2004[34] ist unter anderem auch auf die Einführung der Personal-Service-Agenturen zurückzuführen. Diese Konzeption der Förderung von privaten – vermittlungsorientierten – Zeitarbeitunternehmen sollte der Arbeitsvermittlung neue Impulse geben (Hartz-Kommission).[35] Unter den fast 400.000 Zeitarbeitnehmern zum 30.06.2004 befanden sich 25.661 in PSA.[36]

Das Konzept der PSA wird zur Zeit kritisch diskutiert. Wahrscheinlich werden die Zeitarbeitsfirmen ihr Geschäft bald wieder ohne die ungeliebte öffentlich subventionierte Konkurrenz betreiben können.[37]

2.3 Angebot an Zeitarbeit

Die Zahl der Anbieter von Zeitarbeit ist in den letzten 10 Jahren deutlich gestiegen.[38] Arbeitnehmerüberlassung kann nach dem AÜG nur betreiben, wer eine Erlaubnis der Bundesagentur für Arbeit besitzt. Als Nebenpflicht müssen die Erlaubnisinhaber

[34] Vgl. Bundesagentur für Arbeit (2005a), Tabelle 5, Wert zum 30.06.2004
[35] Vgl. Reipen (2003), S. 787
[36] Vgl. Bundesagentur für Arbeit (2004), S. 17
[37] Vgl. Fröhlingsdorf/Tietz (2004)
[38] Vgl. Ernst & Young (2004), S. 13

gewisse statistische Daten zu bestimmten Stichtagen liefern. Die Zahl der Verleihbetriebe hat sich von 7.903 im Jahr 1995 auf 15.416 Betriebe im Jahr 2004 nahezu verdoppelt.[39] Dabei muss man aber berücksichtigen, dass sich viele Betriebe nur vorsorglich eine Erlaubnis geben lassen, um bei einem fehlerhaften Werkvertrag keine unerlaubte Arbeitnehmerüberlassung betrieben zu haben und die daraus folgenden Strafen tragen zu müssen. Von den über 15.000 Verleihbetrieben im zweiten Halbjahr 2004 gaben nur 7.355 Unternehmen an, dass ihr Betriebszweck ausschließlich oder überwiegend die Zeitarbeit ist.[40]

Das starke Wachstum der Zeitarbeit hat zu einer starken Fragmentierung der Anbieterstruktur mit vielen kleinen Anbietern geführt. So hatten im zweiten Halbjahr 2004 72,7% der Verleihbetriebe (5.346 von 7.355) weniger als 50 Zeitarbeitnehmer angestellt.

Auch die Zahl der Niederlassungen ist ein Indiz für die Größe der Zeitarbeitsfirmen. Über 60% der Zeitarbeitsfirmen einer quantitativen ZEW-Erhebung[41] hatten überhaupt keine Niederlassung. Weitere 31,3% der Firmen hatten zwischen einer und fünf Niederlassungen. Nur 5,0% der Betriebe hatten zwischen 6 und 10 Niederlassungen und zu den größeren Betrieben mit mehr als 10 Niederlassungen zählten lediglich 3,3%.

Die starke Fragmentierung des Marktes kommt auch in den Marktanteilen nach Umsatz zum Ausdruck. Die „TOP 5“ der Branche decken seit 2000 weniger als ein Viertel des Zeitarbeitsmarktes ab.[42] Auch mit den weiteren 10 großen Firmen mit einem Umsatz über 50 Millionen Euro haben große Zeitarbeitsfirmen lediglich einen Anteil von 38,9% des Marktes. Über 60% entfallen auf kleine und mittelgroße Firmen.

[39] Vgl. Bundesagentur für Arbeit (2005a), Tabelle 9
[40] Vgl. Bundesagentur für Arbeit (2005a), Tabelle 22
[41] Vgl. Ammermüller (2003), S. 30 und Mitlacher (2004), S. 214
[42] Vgl. Lünendonk (2005)

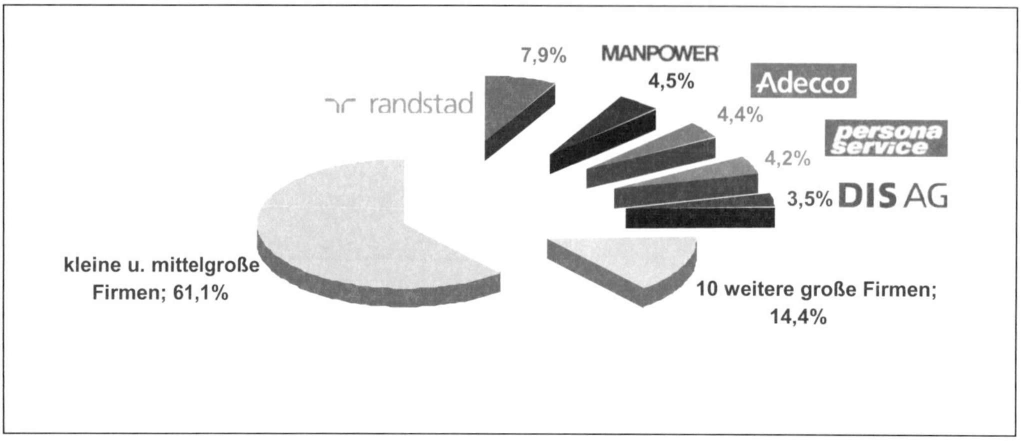

Abbildung 5:Unternehmensgrößen und Anbieterstruktur auf dem Zeitarbeitsmarkt, Quelle: Lünendonk, eigene Darstellung

2.3.1 Wesentliche Anbieter

Die wesentlichen Anbieter auf dem Zeitarbeitsmarkt sind vor allem die fünf größten Unternehmen (nach Umsatz, Zahl der internen Beschäftigten und Zeitarbeitnehmern) Randstad, Manpower, Adecco, persona service und DIS AG.

Auffallend ist, dass die drei Branchenführer Unternehmen mit internationalen Muttergesellschaften sind.[43] Darin kommt auch der große Erfahrungsvorsprung anderer Länder beim Einsatz von Personaldienstleistungen zum Ausdruck. Außerdem verfügten diese Unternehmen, die schon seit Jahrzehnten auf dem deutschen Markt präsent sind, über das notwendige Kapital und konnten in den zurückliegenden Jahren kontinuierlich ihr Geschäft in Deutschland ausbauen.

Seit vielen Jahren ist Randstad der Marktführer in Deutschland. Auch die weiteren größten Zeitarbeitsfirmen in Deutschland verfügen über ein flächendeckendes Netz von Niederlassungen und eine erhebliche Anzahl an internen Mitarbeitern. Das Dienstleistungsprogramm der größten Anbieter ist breit gefächert und reagiert damit auf die indirekte Konkurrenz von anderen Spezialisten, die ihren Kunden Flexibilität im Personalbereich durch Werk- und Dienstverträge anbieten. Lediglich persona service scheint sich auf die klassische Zeitarbeit zu konzentrieren. Die DIS AG versucht sich dagegen eher im qualifizierten Bereich zu positionieren und hat ihr Dienstleistungsportfolio erheblich erweitert (Namenszusatz: „Viel mehr als Zeitarbeit“).

Trotz der Verbreiterung des Dienstleistungsprogramms macht die klassische Zeitarbeit bei den 15 größten Zeitarbeitsfirmen immer noch 74,9% des Umsatzes aus.

---

[43] Vgl. Ernst & Young (2004), S. 14

Unternehmen	randstad	MANPOWER	Adecco	persona service	DIS AG
Standort	Eschborn	Frankfurt a.M.	Fulda	Lüdenscheid	Düsseldorf
Umsatz (Mio. €)	595,0	336,0	331,0	313,4	265,0
Zeitarbeitnehmer	20.300	13.800	12.500	10.000	5.767
Interne Mitarbeiter	1.380	800	1.000	866	648
Dienstleistungs-programm[1] (neben Zeitarbeit)	Personalvermittlung, Personalberatung, Callflex, IT-Services, Medical, Pharma Sales, Outsourcing, Interimmanagement, Projektarbeit	Personalvermittlung, Consulting, Call-Center, IT-Resource, Care- u. Aviationpower, Outsourcing	Personalvermittlung, Outsourcing, Management auf Zeit, IT-Service, Health Care, Arbeitsschutz, Call-Center, Lee Hecht Harrison (Personalberatung)	Personalvermittlung, Immobilienservice	Personalvermittlung, Projektmanagement, Consulting, Personalberatung, Personalentwicklung, Outplacement
Niederlassungen[1]	248	198	206	117	155
Eigentümer[1]	Randstad Holding nv (Niederlande)	Manpower Inc. (USA)	Adecco S.A. (Schweiz)	Privatbesitz mehrerer Investoren	AG (überwiegend institutionelle Investoren aus GB und USA)
Marktanteil	7,8%	4,5%	4,4%	4,2%	3,5%

Tabelle 1: Top 5-Zeitarbeitsfirmen in Deutschland (2004), Quelle: Lünendonk, [1])Geschäftsberichte, eigene Darstellung

2.3.2 Anbieter nach Marktsegmenten/Branchen

Von den vielen Anbietern haben sich einige auf bestimmte Kunden- beziehungsweise Marktsegmente spezialisiert.[44]

Bei dieser Spezialisierung geht es nicht um ein möglichst breites Dienstleistungsprogramm. In dieser Untersuchung ist schon an früherer Stelle klar geworden, dass das Angebot zunehmend ausdifferenziert und sich verbreitert. Bei der Konzentration auf bestimmte Schwerpunkte geht es in erster Linie um die Qualifikation der Zeitarbeitnehmer, wie zum Beispiel Hilfskräfte, Facharbeiter, Spezialisten oder Akademiker beziehungsweise auch um den Wirtschaftsbereich, in den das Personal verliehen werden soll. Dabei sind die Automobilindustrie, Luftfahrt, der IT-Sektor, das Gesundheitswesen, die verarbeitende Industrie und der kaufmännische Bereich besonders wichtig.

Kleine Anbieter spezialisieren sich teilweise auf eine der genannten Branchen. Die meisten kleinen Firmen sind aber eher regional verankert und bieten das Dienstleistungsprogramm, das in der Region und bei den Kunden gefragt ist.

Große Zeitarbeitsfirmen versuchen als Generalist in allen Bereichen tätig zu sein, um alle Kundenwünsche befriedigen zu können. Der Markführer Randstad ist zum Beispiel in folgenden Bereich aktiv: Automotive, Logistic & Services, Manufacturing, Me-

[44] Vgl. Ernst & Young (2004), S. 10

di@com, Office & Finance und Process Industries.[45] Andere große Anbieter wie die DIS AG versuchen einen Spagat zwischen Spezialisierung und Generalisierung. Die Firma hat als wichtigste Geschäftsbereiche Engineering, Finance, Industrie, Information Technology und Office & Management definiert.[46] Damit ist die Firma generalistisch in allen wichtigen Branchen präsent. Die Spezialisierung wird dadurch gewährleistet, dass jede Niederlassung nur für einen Geschäftsbereich zuständig ist – je nach Bedarf und Wirtschaftsstruktur vor Ort. In größeren Städten gibt es dann mehrere Niederlassungen – zum Beispiel in Frankfurt a.M. eine Niederlassung für Finance, eine für Office & Management und eine für Information Technology. Die nächste Niederlassung für Industriekunden befindet sich erst wieder in Hanau.

Große Zeitarbeitsfirmen bieten bei der Qualifikation ihrer Zeitarbeitnehmer alles von der Hilfskraft bis zum Projektmanager oder Ingenieure mit Spezialkenntnissen. Entsprechend der Branchenstrategie mehr qualifiziertes Personal zu verleihen, betonen alle Anbieter, dass sie zukünftig stärker im höher qualifizierten Bereich tätig werden wollen.

2.3.3 Typologie verschiedener Anbieter

Man kann die Zeitarbeitsfirmen in Deutschland nach ihrer regionalen Präsenz oder zum Teil auch nach ihrer Herkunft in bestimmte Klassen einteilen. Die großen Zeitarbeitsfirmen sind vor allem internationale Player, aber auch deutschlandweite Anbieter. Die kleineren Anbieter sind meist inhabergeführte und lediglich regional tätige Firmen.

2.3.3.1 Internationale Player

Die meisten führenden europäischen und US-amerikanischen Personaldienstleister sind bereits in Deutschland präsent.[47] Es sind dies die weltweiten Marktführer Adecco (Schweiz), Manpower (USA), Randstad (Niederlande) und Vedior (Niederlande). Lediglich die United Services Group (USG) ist in Deutschland nicht vertreten. Kelly Services, ein bedeutender Anbieter in den USA für hoch qualifiziertes Personal, ist zwar in Deutschland tätig, seine Aktivitäten beziehungsweise Präsenz aber fast nicht wahrnehmbar. Neben den Branchenriesen hat Hays (Großbritannien) durch die Übernahme der Ascena AG den Sprung auf den deutschen Markt angetreten. Auch Brunel, eine niederländische Zeitarbeitsfirma, ist in Deutschland auf Wachstumskurs.

[45] Vgl. Randstad (2004)
[46] Vgl. DIS AG (2005), S. 59
[47] Vgl. Ernst & Young (2004), S. 28

Für die internationalen Player ist typisch, dass sie ein deutschlandweites Netz an Niederlassungen besitzen oder dabei sind dieses aufzubauen. Sie treten meist als Generalisten auf, lediglich Kelly Services und Hays sind bisher nur in bestimmten Nischen vertreten. Internationale Zeitarbeitsfirmen bringen häufig Managementerfahrung und Know-how von ihren anderen europäischen Gesellschaften in Deutschland ein, haben aber größtenteils schon in den sechziger Jahren ihre deutschen Niederlassungen gegründet. Die globalen Player sind fast alle in der Rechtsform einer Aktiengesellschaft organisiert und der Unternehmenssitz beziehungsweise Holdingsitz liegt in den verschiedensten Ländern der Welt. In dieser internationalen Liga spielt kein deutsches Unternehmen eine nennenswerte Rolle. Die Zeitarbeit und andere Personaldienstleistungen waren in Großbritannien, den Niederlanden und ihrem „Mutterland", den USA,[48] viel schneller verbreitet als in Deutschland. Diese Vorreiterrolle konnten die dort tätigen Unternehmen für ihre weltweite Expansion nutzen.

2.3.3.2 Deutschlandweite Anbieter

Unter den Zeitarbeitsfirmen gibt es circa 30 oder 40 Firmen mit einem deutschlandweiten Netz an Niederlassungen und deutscher Herkunft. Dazu zählen unter anderem persona Service, DIS AG, Tuja Zeitarbeit, Allbecon AG, Bindan GmbH, ZAG Personaldienste GmbH, Ferchau Engineering GmbH, I.K. Hofmann GmbH und die Amadeus AG.

Das Niederlassungsnetz dieser Firmen ist von über 150 Standorten bis zu lediglich 20 Regionalbüros unterschiedlich eng geknüpft. Internationale Expansion ist für die meisten deutschen Zeitarbeitsfirmen kein Thema. Persona service hat ein Büro in der Schweiz und die DIS AG hat fünf Niederlassungen in Österreich gegründet. Vereinzelt expandieren Zeitarbeitsfirmen nach Osteuropa. Sie folgen dabei zum Beispiel deutschen Kunden wie Volkswagen oder Opel nach Polen, um den dortigen Werken den in Deutschland etablierten Service anzubieten. Nur die Allbecon AG erzielt 58% ihres Umsatzes im europäischen Ausland.[49]

Die meisten deutschen Zeitarbeitsfirmen sind nicht in der Rechtsform einer Aktiengesellschaft organisiert und befinden sich im Privatbesitz. Lediglich die DIS AG, die Allbecon AG und die Amadeus Fire AG sind börsennotiert.

---

[48] Vgl. Mitlacher (2004), S. 5

2.3.3.3 Inhabergeführte/regionale Zeitarbeitsfirmen

Wie bereits unter Punkt 2.3 aufgeführt, haben über 90% der Zeitarbeitsfirmen in Deutschland keine oder bis maximal fünf Niederlassungen und sind deshalb nur in einer bestimmten Region präsent.

Die Inhaber sind in der Regel die Gründer und lenken auch heute noch ihr Unternehmen selbst. Die Finanzierung erfolgt in erster Linie über Fremdkapital und stellt einen kritischen Engpassfaktor dar.[50]

Regionale Zeitarbeitsfirmen können nur in der Nische überleben. Aufträge von großen Kunden, zum Beispiel aus der Industrie, erhalten sie kaum, da diese in den vergangenen Jahren dazu übergegangen sind exklusiv mit einem oder zwei Zeitarbeitspartnern zusammenzuarbeiten, die am Ort aller Kundenstandorte Niederlassungen besitzen.

2.3.4 Dienstleistungsprogramm der Zeitarbeit

Die klassische Zeitarbeit ist zweifellos das Kerngeschäft von Zeitarbeitsfirmen. Die rechtliche Konstruktion der auch als Arbeitnehmerüberlassung bezeichneten Dienstleistung wurde bereits unter Punkt 2.1.1.2 vorgestellt. Die Zeitarbeitsfirmen bieten neben der Zeitarbeit häufig noch weitere Personaldienstleistungen wie Arbeitsvermittlung, Personalberatung, Interimmanagement oder das Outsourcing von personalintensiven betrieblichen Leistungen (durch Werk- oder Dienstverträge) an. Die DIS AG setzt zum Beispiel das Consulting als komplementäres Angebot mit „Türöffner-Charakter" für die Zeitarbeit ein.[51] Auf diese weiteren, das Leistungsprogramm abrundenden Produkte, soll aber nicht weiter eingegangen werden.

Die klassische Zeitarbeit ist in den letzten Jahren geänderten Umweltbedingungen, wie zum Beispiel dem Wegfall der Höchstüberlassungsdauer, angepasst und variiert worden.[52]

Im Regelfall wird mit einem Kunden ein Arbeitnehmerüberlassungsvertrag für einen Einzelfall beziehungsweise einen einzelnen Zeitarbeitnehmer abgeschlossen. Für größere Entleihbetriebe mit regelmäßig wiederkehrendem Bedarf bietet sich dagegen der *Abschluss eines Rahmenvertrages für Arbeitnehmerüberlassung* an.[53] In diesem werden bestimmte Qualifikationsebenen und Tätigkeitsprofile, wie beispielsweise ein Sachbearbeiter Einkauf, ein Produktionshelfer Metallbereich oder ein Ingenieur für

---

[49] Vgl. Ernst & Young (2004), S. 33
[50] Vgl. Ernst & Young (2004), S. 26
[51] Vgl. DIS AG (2005), S. 40 f.
[52] Vgl. Böhm (2005), S. 554
[53] Vgl. o.V. (2005a)

Konstruktionsaufgaben, festgelegt und diesen „Eingruppierungen" wird ein bestimmter Stundenverrechnungssatz zugeordnet. Der Entleihbetrieb kann auf Grundlage dieser Vereinbarung schneller und mit weniger Aufwand Zeitarbeitnehmer abrufen, ohne dass individuelle Anforderungen und Konditionen verhandelt werden müssen.

In eine ähnliche Richtung geht das *On-Site-Management* (das zu den so genannten Inhouse-Lösungen) zählt.[54] Hierbei geht es um spezialisierte Leistungen für das Personalmanagement des Kunden vor Ort. Das On-Site-Management baut auf einem Rahmenvertrag auf. Die Besonderheit dieser anspruchsvollen Dienstleistung besteht darin, dass der Disponent der Zeitarbeitsfirma im Entleihbetrieb als Ansprechpartner und Koordinator präsent ist (entweder dauerhaft oder für bestimmte „Sprechstunden").[55] Er entlastet damit den Entleiher und nimmt Teile dessen Weisungsrechts gegenüber den Zeitarbeitnehmern wahr. Das On-Site-Management ist eine Domäne der großen, meist bundesweit tätigen, Zeitarbeitsunternehmen. Zunehmend übernehmen diese die gesamte Organisation und Abwicklung des Personaleinsatzes, nicht nur für das von ihnen bereitgestellte Personal, sondern auch für Zeitarbeiter von kooperierenden kleineren Zeitarbeitsfirmen, die in diesem Fall nur als „Co-Lieferanten" auftreten. Die großen Firmen bedienen sich also in bestimmten Konstellationen des Kräftepools von kleineren Wettbewerbern und nutzen vor allem deren niedriges Preisniveau im Helferbereich.

Der Aufbau von so genannten „zweiten Belegschaften" bietet den Zeitarbeitskunden die Möglichkeit des „Outsourcing" sämtlicher Arbeitgeberpflichten und -risiken bei Wahrung voller unternehmerischer Herrschaft.[56] Durch Zeitarbeit mit On-Site-Management wird die innerbetriebliche Flexibilität erhöht und dem vollkommenen Verlust von Herrschaft und Know-how, wie er zum Beispiel bei einem Werkvertrag entstehen würde, entgegengewirkt. Gleichzeitig ist die Abhängigkeit von einer Zeitarbeitsfirma im Betrieb geringer als bei einem externen Zulieferer außerhalb des Betriebes und der Entleihbetrieb behält viele Kontroll- und Einwirkungsmöglichkeiten.

Das Dienstleistungsprogramm der Zeitarbeit entwickelt sich gerade für Großkunden in Richtung einer permanenten zweiten Belegschaft, neben dem eigenen Stammpersonal. Ermöglicht wurde das vor allem durch die Aufhebung der Höchstüberlassungsdauer für Zeitarbeitsnehmer. Ein ständiger Austausch der überlassenen Mitarbeiter und eine neue Einarbeitung in die betrieblichen Abläufe entfällt damit.

---

[54] Vgl. Schönfeld (2003), S. 12 f.
[55] Vgl. Böhm (2005), S. 561 f.

2.4 Nachfrage nach Zeitarbeit

Die Zeitarbeit behauptete sich in den letzten Jahren eindeutig als Wachstumsbranche. Dies wurde bereits unter Punkt 2.2, in dem auf das steigende Marktvolumen der letzten Jahre und die stetig steigende Zahl der überlassenen Zeitarbeitnehmer eingegangen wurde, belegt.

Nun stellt sich die Frage, woher diese steigende Nachfrage für die Dienstleistung Zeitarbeit kommt. Welche Wirtschaftszweige und Branchen nehmen die Zeitarbeit vorrangig in Anspruch und welche Tätigkeiten führen die Leihkräfte dort aus beziehungsweise welches Anforderungsprofil verlangen die Entleihbetriebe?

2.4.1 Wirtschaftszweige der Entleihbetriebe

In den Betrieben, der Kernzone des Arbeitsmarktes, zeigt sich die wirkliche Bedeutung der Zeitarbeit – unabhängig von Verbandsaussagen und beschäftigungspolitischen Wunschvorstellungen.[57] Das Institut für Arbeitsmarkt und Berufsforschung (IAB) der Bundesagentur für Arbeit führt jährlich eine Panelbefragung von mehr als 15.000 Betrieben in Deutschland durch.[58] Ein Bestandteil des IAB-Betriebspanel 2002 waren auch einige Fragen zur Zeitarbeit. Dabei sollte untersucht werden, ob Leiharbeit nach wie vor auf die Funktion eines überbetrieblichen Beschäftigungspuffers für das verarbeitende Gewerbe beschränkt ist oder ob sie sich auch in zukunftsträchtige Sektoren und Segmente des Arbeitsmarktes wie den Dienstleistungsbereich oder in hoch qualifizierte Berufsfelder auszudehnen vermag.[59]

Differenziert man den Verbreitungsgrad beziehungsweise die Nachfrage der Zeitarbeit nach Betriebsgröße, so ergab sich, dass nur in 1,6% der Kleinbetriebe, jedoch in 35,7% der Betriebe mit mindestens 500 Beschäftigten, Zeitarbeit eingesetzt wird. Zeitarbeit ist also schon auf den ersten Blick ein Phänomen der Großbetriebe. Eine typische Einsatzstrategie von Zeitarbeit besteht in Großbetrieben darin, interne „Reservekapazitäten" für Personalausfälle (zum Beispiel durch Urlaub, Krankheit …) oder Auftragsschwankungen zu verknappen und durch Zeitarbeit zu ersetzen. In Kleinbetrieben findet sich diese Strategie nicht, da dort in der Regel ohnehin keine Personalreserven vorhanden sind und sie bei Engpässen vor allem mit einer Intensivierung der Arbeit der Belegschaft, des Inhabers und auch von dessen Familienangehörigen reagieren.

---

[56] Vgl. Böhm (2005), S. 556
[57] Vgl. Bellmann/Promberger/Theuer (2005), S. 19
[58] Vgl. IAB (2005)
[59] Vgl. Bellmann/Promberger/Theuer (2005), S. 19

In Westdeutschland wuchs der Einsatz von Zeitarbeit am stärksten im sekundären Sektor, im Dienstleistungssektor hingegen schwächer, so dass der typische Einsatzbereich seine Vorrangstellung ausbauen konnte. Demgegenüber ist in Ostdeutschland die Zeitarbeit im Dienstleistungssektor stärker gewachsen, als im sekundären Sektor. Die Verteilung der Nachfrage, nach Branchen geordnet, lässt sich der folgenden Abbildung entnehmen. Etwas mehr als ein Fünftel der Betriebe können als Intensivnutzer bezeichnet werden, da ihr Personal zu mehr als 20% aus Zeitarbeitnehmern besteht.[60] Eine Typologie der Entleihbetriebe sieht folgendermaßen aus[61]: Kleinbetriebe mit schwankender Auslastung (Zeitarbeit als Ergänzung des „flexible scheduling“ – flexibler Zeitplanung), industrielle Großbetriebe (Zeitarbeit als nachrangige Ergänzung), nichtindustrielle Großbetriebe (Zeitarbeit bei „flexible staffing“ – flexibler Stellenbesetzung), nichtindustrielle Großbetriebe (Zeitarbeit bei „flexible staffing“), hochflexible Mittelbetriebe aller Branchen (mit starkem „flexible staffing“) und Mittelbetriebe des verarbeitenden Gewerbes mit „flexible scheduling“, ergänzt um Zeitarbeit.

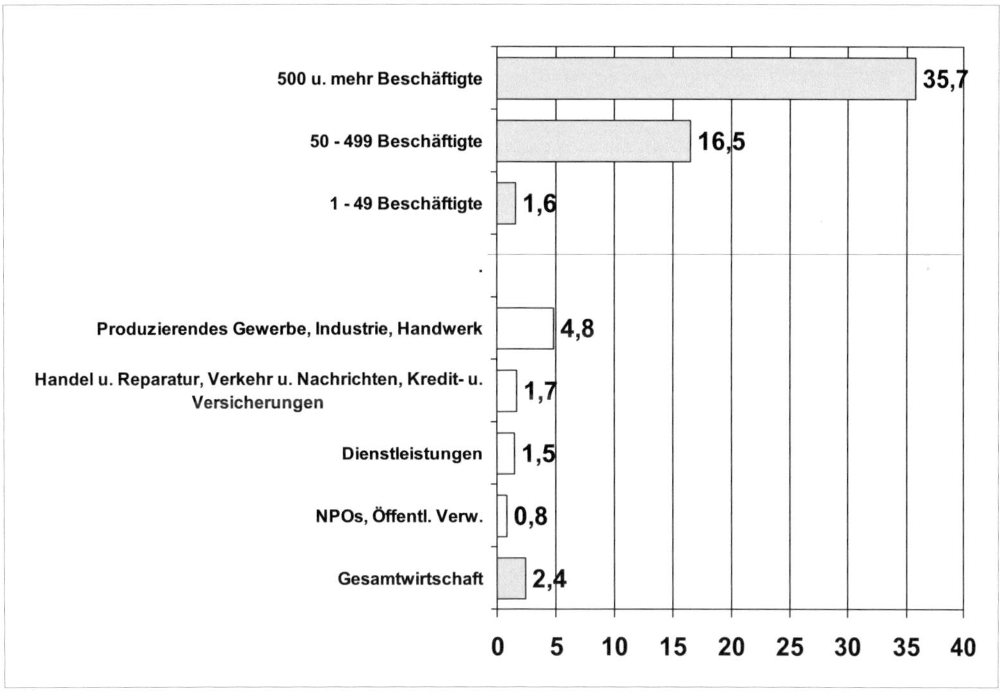

Abbildung 6: Nachfrage der Zeitarbeit nach Betriebsgröße und Wirtschaftszweigen (in %), Quelle: IAB, eigene Darstellung

[60] Vgl. Bellmann/Promberger/Theuer (2005), S. 20
[61] Vgl. Promberger/Theuer (2004), S. 42 - 54

2.4.2 Qualifikation der nachgefragten Zeitarbeitnehmer

Die Nachfrage nach Zeitarbeit wird auch deutlicher, wenn man betrachtet, welche Qualifikationen die Entleihbetriebe von den Zeitarbeitnehmern erwarten. Die Zeitarbeitsfirmen müssen der Bundesagentur für Arbeit zu bestimmten Stichtagen die von Leiharbeitern ausgeübte Tätigkeit mitteilen.[62]

Die folgende Abbildung zeigt, dass in Zeitarbeit immer noch fast 130.000 Hilfskräfte beschäftigt werden. Diese Beschäftigtengruppe hat gegenüber dem 30.06.2002 überproportional zugenommen (+38,4%). An zweiter Schwelle stehen aber schon die Dienstleistungstätigkeiten (fast 100.000 Arbeitnehmer), wogegen hochqualifizierte Arbeitsmarktsegmente nach dieser Klassifizierung der Berufe kaum sichtbar sind.[63] An dritter Stelle kommen Berufe, die im weitesten Sinne dem Metallbereich zugeordnet werden können (Metallerzeuger, -bearbeiter, Schlosser, Mechaniker und Montierer sowie weitere Metallberufe) mit über 82.000 Zeitarbeitnehmern. Auch eine zweite Beschäftigtengruppe des produzierenden Gewerbes, die Elektriker sind mit über 27.000 Arbeitnehmern in nennenswerter Größe in Zeitarbeit beschäftigt.

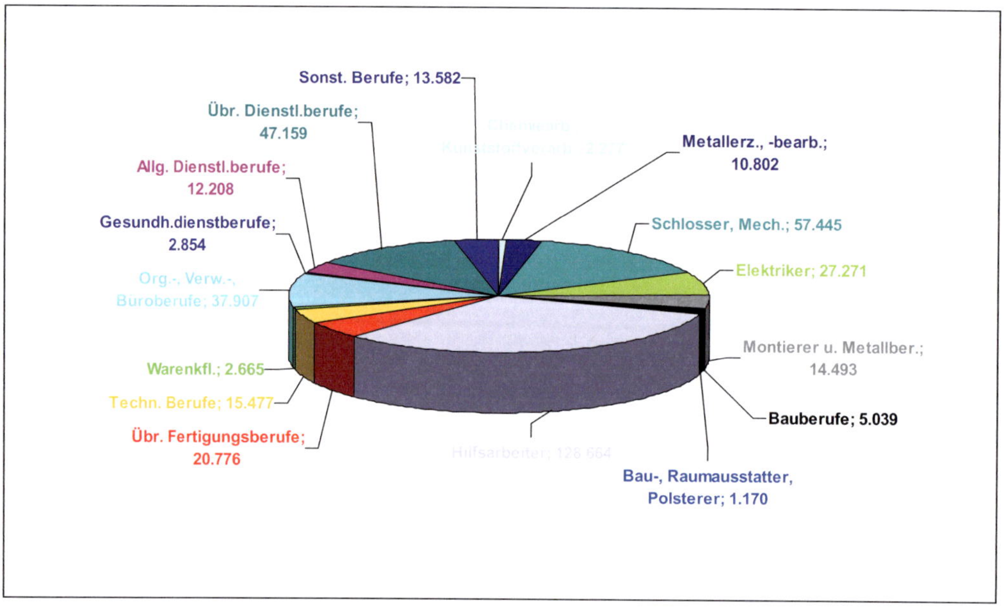

Abbildung 7: Überlassende Zeitarbeitnehmer nach Art der ausgeübten Tätigkeit, Quelle: BA (Stichtag 30.06.2004), eigene Darstellung

---

[62] Vgl. Bundesagentur für Arbeit (2005a), Tabelle 8

[63] Vgl. Bellmann/Promberger/Theuer (2003), S. 234

2.5 Zukünftige Herausforderungen der Zeitarbeit

Veränderte Rahmenbedingungen, wie die in den letzten Jahren mehrfach geänderte Gesetzgebung, die neuen Tarifverträge für Zeitarbeit und das bessere Image der Zeitarbeit werden neben dem weiter steigenden Flexibilitätsbedarf der Entleihbetriebe den Markt für Zeitarbeit in Zukunft nachhaltig verändern. Die Anbieterstruktur wird sich deshalb nach Analystenschätzungen zugunsten der internationalen Generalisten und Spezialanbieter verändern. Verlierer sind die zahlreichen regionalen Zeitarbeitsfirmen.[64] Eine spannende Frage ist auch, ob der deutsche Zeitarbeitsmarkt das höhere Niveau der europäischen Nachbarländer erreicht.

2.5.1 Deutscher Zeitarbeitsmarkt im internationalen Vergleich

Die Zeitarbeit ist in vielen Ländern eine relativ neue Form der Beschäftigung, so dass es in den meisten europäischen Ländern keine amtliche Statistik zur Arbeitsnehmerüberlassung gibt.[65] Sie wurde häufig in die Nähe der Arbeitsvermittlung gerückt und für diese besaß in vielen Ländern die staatliche Verwaltung ein gesetzliches Monopol.[66] Zudem erschwerten Vorbehalte der Gewerkschaften lange Zeit eine Legalisierung der Zeitarbeit. Die Datenlage ist deshalb für internationale Vergleiche schwierig. Die Verbreitung der Zeitarbeit hat aber unbestritten in praktisch allen OECD-Ländern im Laufe der 90er Jahre deutlich zugenommen.

Länderübergreifende Vergleiche müssen auf das Datenmaterial des internationalen Verbandes der Zeitarbeitsunternehmen (CIETT) zurückgreifen. Der CIETT setzt eine von nationalen Zeitarbeitsverbänden gemeldete Zahl an Zeitarbeitnehmern eines Landes ins Verhältnis zur gesamten Beschäftigtenzahl desselben Landes. Wegen der unterschiedlichen statistischen Erfassung von Erwerbspersonen in den verschiedenen Ländern ist nur die Tendenz und kein genauer Vergleich, bis auf jede Stelle nach dem Komma, angemessen. Das IAB hat in seiner neuesten Veröffentlichung zur Zeitarbeit einen Anteil von inzwischen 1,5% der Zeitarbeitnehmer an allen sozialversicherungspflichtig Beschäftigten genannt.[67] Diesen Vergleichsmaßstab gibt es in anderen europäischen Ländern in dieser Form nicht.

---

[64] Vgl. Ernst & Young (2004), S. 38
[65] Vgl. Jahn/Rudolph (2002b), S. 5
[66] Vgl. Mitlacher (2004), S. 20 f.
[67] Vgl. Jahn/Wolf (2005), S. 3

2.5.1.1 Anteil der Zeitarbeitnehmer an den Erwerbspersonen im Vergleich

Die Verbreitung der Zeitarbeit ist in den verschiedenen Ländern recht unterschiedlich. In Großbritannien arbeiten über 1,4 Millionen Menschen als Zeitarbeitnehmer.[68] Auch die Niederlande sind für ihren besonders entwickelten und bedeutenden Zeitarbeitsmarkt bekannt. Die Nutzung der Zeitarbeit in den Niederlanden ist jedoch wegen neuer Regulierungen zurückgegangen.[69] Der Anteil von 4,5% der Erwerbspersonen bezieht sich noch auf die Zahlen des CIETT für das Jahr 2000/2001, da keine neueren Zahlen für die Leiharbeiter vorliegen.

Frankreich und die USA sind Zeitarbeitsmärkte, in denen über 600.000 beziehungsweise über zwei Millionen Erwerbspersonen in dieser Beschäftigungsform Arbeit finden. In Deutschland hat die Arbeitnehmerüberlassung ebenso wie in den meisten südeuropäischen Ländern noch nicht eine solch bedeutende Rolle einnehmen können.

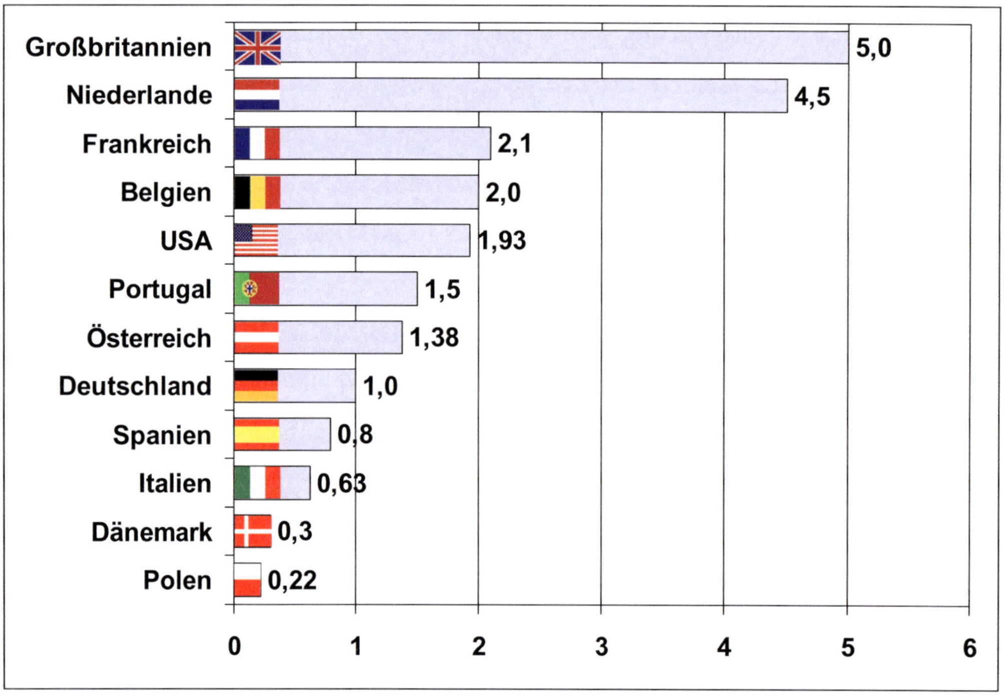

Abbildung 8: Anteil der Zeitarbeitnehmer an allen Beschäftigten verschiedener Länder (in %), Quelle: CIETT, eigene Darstellung

[68] Vgl. CIETT (2004)

[69] Vgl. Wilkens (2004), S. 172

2.5.1.2 Nachholbedarf des deutschen Marktes

Gerade in den entwickelten Volkswirtschaften Europas und den Nachbarländern Deutschlands hat die Zeitarbeit einen höheren Anteil an allen Erwerbspersonen. Der internationale Verband der Zeitarbeitsunternehmen geht davon aus, dass die Zeitarbeit in Deutschland im Jahr 2010 einen Anteil von 3,8% der Erwerbspersonen erreichen könnte.[70] Dazu wären jährliche Wachstumsraten zwischen 13 und 21% erforderlich. Auch Ernst & Young kommen zu dem Ergebnis, dass die europäischen Staaten und die USA zwar nicht direkt verglichen werden können, aber die Personaldienstleistungen in Deutschland und vor allem die Zeitarbeit nach wie vor Nachholpotential haben.[71]

2.5.2 Änderung von wesentlichen Einflussfaktoren auf die Nutzung der Zeitarbeit

Die bislang relativ geringe Nachfrage der Zeitarbeit in Deutschland spricht für deren Entwicklungspotential. Es stellt sich die Frage, warum die Nutzungsintensität der Zeitarbeit in verschiedenen Ländern so unterschiedlich ausgeprägt ist. Deshalb wird an dieser Stelle versucht die wesentlichen Einflussfaktoren für die Nutzung der Zeitarbeit in Deutschland aufzuzeigen.
Dazu zählen die gesetzlichen Rahmenbedingungen, die Tarifvertragssituation, der kulturelle Hintergrund, das Image der Zeitarbeit sowie der Flexibilitätsbedarf der Unternehmen und die Bereitschaft der Entleihbetriebe, externe Kompetenzen zu nutzen. Zusätzlich scheint ein enger Zusammenhang zwischen dem Wirtschaftswachstum innerhalb einer bestimmten Größenordnung und der nationalen Wirtschaftsstruktur auf der einen Seite und andererseits dem Wachstum der Zeitarbeit zu bestehen.

2.5.2.1 Gesetzliche Rahmenbedingungen

Die Zeitarbeit ist traditionell ein Bereich, der in ganz Europa rechtlich stark reglementiert ist. Das Ziel der gesetzlichen Vorschriften war immer der Schutz der in dieser besonderen Rechtsform beschäftigten Arbeitnehmer. Seit einigen Jahren hat ein Paradigmenwechsel eingesetzt. Die Regulierungen werden abgebaut, um die Zeitarbeit als „Brücke" in Beschäftigung – vor allem für zuvor arbeitslose Menschen – zu nutzen.[72]
Nachdem sich die europäischen Länder seit Jahren auf keine gemeinsame Richtlinie Zeitarbeit einigen konnten, bestehen die gesetzlichen Rahmenbedingungen in Deutsch-

[70] Vgl. Mitlacher (2004), S. 22
[71] Vgl. Ernst & Young (2004), S. 16
[72] Vgl. Ulber (2003), S. 7 f.

land vor allem aus den Vorschriften des Arbeitnehmerüberlassungsgesetzes.[73] Mit dem ersten Gesetz für moderne Dienstleistungen am Arbeitsmarkt (so genanntes Hartz I Gesetz) wurden das besondere Befristungsverbot, das Wiedereinstellungsverbot und das Synchronisationsverbot sowie die Höchstüberlassungsdauer von 24 Monaten aufgehoben und das Verbot der Zeitarbeit im Baugewerbe gelockert.[74]

Gewissermaßen als Ausgleich wurde der Grundsatz des „equal treatment" beziehungsweise „equal pay" eingeführt, das heißt einem Zeitarbeitnehmer müssen die gleiche Bezahlung und die Arbeitsbedingungen, wie die eines vergleichbaren Arbeitnehmers im Entleihbetrieb gewährt werden. Davon kann nur bei Anwendung eines Tarifvertrages (für Zeitarbeit) abgewichen werden. Insgesamt haben sich nach übereinstimmender Einschätzung von Branchenexperten die gesetzlichen Rahmenbedingungen für die Zeitarbeit in den letzten Jahren verbessert.

Es gibt aber noch weitere rechtliche Regelungen und Gesetze, die die Inanspruchnahme von Zeitarbeit beeinflussen. Zeitarbeit ist eine Möglichkeit der betrieblichen Flexibilisierung. Sie steht dabei häufig in Konkurrenz zu anderen betrieblichen Instrumenten, wie zum Beispiel Überstunden, geringfügiger Beschäftigung, Arbeitszeitkonten und befristeter Beschäftigung.[75] Auch der Kündigungsschutz in Deutschland hat eine Wirkung auf die Nutzung der Zeitarbeit. Eine Lockerung des Kündigungsschutzes, leichtere Befristungsmöglichkeiten und eine weitere Ausweitung geringfügiger Beschäftigung würden diese Flexibilitätsmöglichkeiten für Betriebe attraktiver machen und damit die Konkurrenz zur Zeitarbeit stärken. Aktuell scheint aber keine weitere Liberalisierung im Arbeitsrecht anzustehen und die gesetzlichen Rahmenbedingungen der Zeitarbeit werden die nächsten Jahre wohl weitgehend stabil bleiben.

2.5.2.2 Tarifverträge für Zeitarbeit und Tarifniveau von Entleihbranchen

Im vorigen Abschnitt wurde bereits beschrieben, dass der Gesetzgeber durch die Drohung mit „equal pay und equal treatment" des § 3 Abs. 1 Nr. 3 AÜG in Verbindung mit § 9 Nr. 2 AÜG erreicht hat, dass die Zeitarbeitsbranche Tarifverträge mit den Gewerkschaften abgeschlossen hat. Diese Tarifverträge wurden von mittlerweile sieben unterschiedlichen Branchenverbänden der Zeitarbeit unterschrieben. Der Tarifvertrag zwischen BZA und DGB enthält in der Regel die für die Zeitarbeitnehmer günstigsten Bedingungen und besitzt den größten Anwendungsbereich (für die großen Zeitarbeits-

[73] Vgl. Mitlacher (2004), S. 60
[74] Vgl. Lembke (2003), S. 98
[75] Vgl. Bellmann/Promberger/Theuer (2005), S. 22

firmen mit insgesamt über 100.000 Zeitarbeitnehmern) in Deutschland.[76] Es gibt aber auch die von manchem als „Billig-Tarifverträge“ bezeichneten Vereinbarungen zwischen der Interessengemeinschaft Nordbayerischer Zeitarbeitsunternehmen e.V. (INZ) und der Mittelstandsvereinigung Zeitarbeit e.V. mit dem Christlichen Gewerkschaftsbund (CGB).[77]

Zeitarbeit ist eine Dienstleistung, deren Kosten vor allem von den Personalkosten bestimmt werden. Nach verschiedenen Berechnungen machen diese einen Anteil zwischen 45 und 80% der Gesamtkosten aus.[78] Selbst bei gleichen Stundensätzen, verglichen mit statusgleichen Arbeitnehmern im Entleihbetrieb, ist der zeitlich begrenzte Einsatz von Zeitarbeitnehmern kostengünstiger.

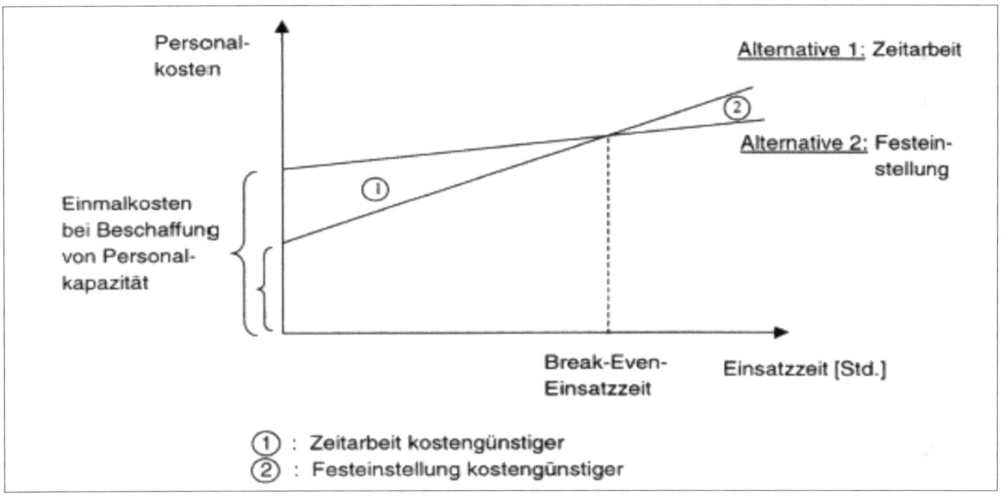

Abbildung 9: Zeitarbeit versus Festeinstellung im Break-Even-Schema, Quelle: Watzka (2000b), S. 324

Bei Zeitarbeit entfallen für den Entleihbetrieb die Einmalkosten der Personalbeschaffung, wie zum Beispiel Inserate, Personalauswahlverfahren und die administrative Abwicklung weitgehend. Auch das kalkulatorische Risiko im Hinblick auf Erkrankungen, Urlaub oder Abfindungen bei der Beendigung des Arbeitsverhältnisses entfällt. Deshalb ist der Einsatz von Zeitarbeitnehmern, selbst bei den gleichen Stundensätzen wie denen des Stammpersonals, für den Entleihbetrieb günstiger.[79]

Gerade Branchen mit traditionell hohem Lohnniveau wie der gesamte IG-Metallbereich (Automobilhersteller und -zulieferer, Maschinenbau), die chemische Industrie oder auch Dienstleistungsbereiche, wie die deutschen Großbanken, setzen auf den Dauereinsatz

[76] Vgl. Franken (2003), S. 34
[77] Vgl. Böhm (2003), S. 2598 f.
[78] Vgl. unter anderem Scheiff (2003), S. 59 für eine qualifizierte Zeitarbeitskraft; Ditges (2000), S. 27 ff.

von Zeitarbeitnehmern und können aus dem erheblichen Unterschied des Tarifniveaus einen Kostenvorteil ziehen. Die Abbildung zeigt die Stundensätze von Hilfs- beziehungsweise Facharbeitern der verschiedenen Tarifverträge für Zeitarbeit und den Vergleich mit potentiellen Einsatzbereichen, aber auch anderen „Niedriglohnbereichen“. Je größer der Niveauunterschied, desto größer ist der Kalkulationsspielraum der Zeitarbeitsfirmen (unter Berücksichtigung ihrer eigenen internen Kosten).

Tarifliche Grundvergütung[1] für ArbeiterInnen im Bereich Zeitarbeit und anderen Tarifbereichen – in Euro je Stunde –

Tarifbereich		unterste Gruppe	mittlere Gruppe[2]
Hotels und Gaststätten NRW		5,03	8,07
Landwirtschaft Nordrhein		5,80	9,69
Zeitarbeit	CGZP/BVD	5,78	8,07
	CGZP/INZ	6,30 (6,70)[3]	7,80 (8,50)[3]
	DGB/BZA	6,85	9,20
	DGB/IGZ	6,85	8,85
Gebäudereinigung NRW[4]		7,68	9,18[5]
Maler- und Lackiererhandwerk NRW		7,83	11,09
Großhandel NRW		8,25	12,04
Textilindustrie Nordrhein		9,07	10,95
Kfz-Gewerbe NRW		9,15	10,39
Brot- und Backwarenindustrie NRW		9,89	12,20
Metallindustrie NRW		10,03	11,80
Chemische Industrie Nordrhein		11,06	12,95

BZA: Bundesverband Zeitarbeit Personal-Dienstleistungen; **BVD**: Bundesvereinigung Deutscher Dienstleistungsunternehmen; **CGZP**: Tarifgemeinschaft Christliche Gewerkschaften Zeitarbeit und PSA; **iGZ**: Interessenverband Deutscher Zeitarbeitsunternehmen; **INZ**: Interessengemeinschaft Nordbayerischer Zeitarbeitsunternehmen.
1 Ohne Zulagen und Zuschläge; ggf. Eingangsstufe.
2 Für AN mit abgeschlossener, i.d.R. dreijähriger Berufsausbildung.
3 Beträge in Klammern: Produktivlohn beim Einsatz im Entleihbetrieb.
4 Neuer Tarifabschluss: Inkrafttreten nur nach erfolgter Allgemeinverbindlicherklärung.
5 VorarbeiterIn in der Innen- und Unterhaltsreinigung.
Quelle: WSI-Tarifarchiv Stand: Januar 2004

WSI Hans Böckler Stiftung

Tabelle 2: Stundenlöhne der Tarifverträge für Zeitarbeit und von Entleihbranchen, Quelle: WSI (Bispinck (2004), S. 69)

2.5.2.3 Kultureller Hintergrund und Image der Zeitarbeit

Neben rationalen, am Nutzen orientierten Überlegungen beeinflussen auch soziale Faktoren, in welchem Umfang sich die Zeitarbeit entwickeln kann. Einer dieser Faktoren ist der kulturelle Hintergrund Deutschlands. Kulturelle Aspekte sind keine akademische These, sondern auch in der Wirklichkeit beobachtbar und machen sich vor allem in personen- und verhaltensbezogenen Unternehmensbereichen, wie dem Personalsektor, bemerkbar.[80] Beim Vergleich der Kulturen verschiedener Nationen wird regelmäßig auf das Standardwerk von Hofstede zurückgegriffen. Bei aller Kritik an den Erhebungsmethoden und der Aktualität dieser Untersuchung, gibt diese wahrscheinlich doch grundle-

[79] Vgl. Watzka (2000b), S. 324

gende Unterschiede wieder. Vor allem in der Dimension „Individualismus“ treten hohe Unterschiede zwischen Deutschland und anderen Ländern mit stärkerer Nutzung der Zeitarbeit wie den Niederlanden, Großbritannien und den USA auf.[81] „Individualismus“ beschreibt Gesellschaften, in denen erwartet wird, dass jeder für sich selbst sorgt und die Freiheit des Einzelnen eine hohe Bedeutung hat. Deutschland ist dagegen stärker vom Kollektivismus geprägt. Eine weitere Dimension ist die „Unsicherheitsvermeidung“, die man als den Grad beschreiben kann, indem sich die Einwohner eines Landes durch ungewisse und unbekannte Situationen bedroht fühlen und versuchen diese zu vermeiden. Hofstede hat einen relativ hohen Grad an „Unsicherheitsvermeidung“ für Deutschland bestimmt.[82] Ganz anders in den USA und Großbritannien und teilweise auch in den Niederlanden: dort hat man wesentlich weniger Angst vor einer ungewissen Zukunft. Man kann diese Ergebnisse auf den Bereich Zeitarbeit übertragen. Vor allem deutsche Arbeitnehmer lieben keine wechselnden Einsatzbetriebe, ständig neue Arbeitskollegen und die Eingewöhnung in eine neue Arbeitsumwelt. Aber auch in den Entleihbetrieben und auf Seiten der Arbeitgeber handeln Menschen mit meist deutschem kulturellem Hintergrund. Diese Prägung spricht eher für den Einsatz von eigenem Personal und gegen die Zeitarbeit. Lediglich wenn es um die Erprobung von neuem Personal vor einer Festeinstellung geht, kann Zeitarbeit eine sinnvolle Alternative sein, um das Risiko zu minimieren.

Das Image der Zeitarbeit ist zudem ein sozialer Faktor. Öffentlichkeit, Politik und damit die gesetzliche Regulierung werden dadurch beeinflusst. Auch das Interesse der Arbeitnehmer an Zeitarbeit wird durch deren Image geprägt. Das früher schlechte Image der Zeitarbeit führte auch zu einer Ablehnung dieser Beschäftigungsform durch die Gewerkschaften und Betriebsräte. Manche sprachen gar von „moderner Sklaverei“.[83] Diese negative Bewertung war das Ergebnis von Veröffentlichungen über Missstände, wie illegale Arbeitnehmerüberlassung von ausländischen Arbeitnehmern unter menschenunwürdigen Arbeits- und Wohnbedingungen, fehlende Lohnfortzahlung im Krankheitsfall und fristloser Kündigung bei Krankheit oder unbezahltem Urlaub in verleihfreien Zeiten.[84]

Das Image der Zeitarbeit hat sich aber in den letzten Jahren deutlich verbessert. Dazu haben die Tarifverträge für Zeitarbeit, die Arbeitnehmerrechte festschreiben, die

[80] Vgl. Mitlacher (2004), S. 243
[81] Vgl. Hofstede (2001), S. 70
[82] Vgl. Hofstede (2001), S. 159
[83] Vgl. Baum (1996), S. 9

Gesetzesänderungen und die unermüdliche Öffentlichkeitsarbeit von Branchenverbänden und großen Zeitarbeitsfirmen beigetragen. Auch die Politik bezeichnet die Zeitarbeit heute in erster Linie als Erfolg versprechenden Weg aus der Arbeitslosigkeit und zum Berufseinstieg.

2.5.2.4 Flexibilitätsbedarf und -bereitschaft der Unternehmen

Unternehmen sind aus verschiedensten Gründen (zum Beispiel Konjunktur, Saison, Nachfrageänderung) Schwankungen in ihrem Auftragseingang und damit in ihrer Kapazitätsauslastung ausgesetzt.[85] Das „Flexibilitätsproblem" ist umso größer, je stärker die Nachfrage nach den Produkten und Dienstleistungen eines Unternehmens schwankt und je weniger diese Nachfrageveränderungen durch Maßnahmen, wie zum Beispiel flexible Lagerhaltung oder eine Änderung der Liefer- und Wartezeiten ausgeglichen werden können. Moderne Produktionskonzepte versuchen aus Kostengründen die Lagerhaltung zu minimieren und „just-in-time" zu produzieren.[86]

Deshalb muss das Personal in einem flexiblen Unternehmen eine wichtige „Flexibilitätsreserve" bilden. Man kann im Personalbereich verschiedene Formen der Flexibilität unterscheiden. Dazu zählen die quantitative Flexibilisierung durch Überstunden, Kurzarbeit und Arbeitszeitmodelle ebenso wie die funktionelle Flexibilisierung der Mitarbeiter durch andere Arbeitsaufgaben oder variable Gehaltsstrukturen sowie räumliche und zeitliche Flexibilität wie zum Beispiel Telearbeit oder Arbeit auf Abruf.[87]

Es gibt aber auch externe Flexibilisierungsmöglichkeiten, zu denen neben befristeter Beschäftigung, freier Mitarbeit und Fremdvergabe auch die Zeitarbeit zählt. Die Zeitarbeit ist also eine Möglichkeit für Unternehmen, ihre Personalausstattung schnell und kostengünstig an den Personalbedarf anzupassen.[88]

Die Schnelligkeit der Personalanpassung resultiert daraus, dass bei einem höheren Personalbedarf des potentiellen Entleihers die Zeitarbeitsfirma bereits über das gewünschte Personal verfügt oder zumindest geeignete Kandidaten in der Kartei hat. Bei einem Personalüberhang im Betrieb kann dieser die Zeitarbeitnehmer mit der relativ kurzen Kündigungsfrist des Arbeitnehmerüberlassungsvertrages an das Zeitarbeitsunternehmen zurückgeben und damit schneller reagieren, als es bei Einhaltung der arbeitsrechtlichen Kündigungsfristen möglich wäre.

---

[84] Vgl. Baum (1996), S. 33 f.
[85] Vgl. Watzka (2000b), S. 321
[86] Vgl. Nienhüser/Baumhus (2002), S. 88
[87] Vgl. Schenck (2004), S. 100
[88] Vgl. Alewell/Friedrich/Martin (2004), S. 232 f.

Flexibilität drückt sich aber auch darin aus, inwieweit sich ein Unternehmen möglichst kostengünstig an geänderte Situationsbedingungen anpassen kann. Der Entleihbetrieb spart durch die Nutzung von Zeitarbeitnehmern Rekrutierungsfixkosten und einen erheblichen Aufwand für die Personalverwaltung. Wenn ein Betrieb Zeitarbeit nutzt, wandelt er Fixkosten im Personalbereich in variable Kosten um. Ein zusätzlicher Vorteil besteht darin, dass nur die tatsächlich geleistete Arbeitsstunde eines Zeitarbeitnehmers verrechnet wird. Durch Zeitarbeit kann ein Unternehmen seine personelle Flexibilität deutlich erhöhen und bei einer Unterdeckung des Personalbedarfs Verlängerungen der Lieferzeit, Konventionalstrafen und kostenpflichtige Überstunden des Stammpersonals vermeiden. Bei einer geringen Auslastung des Personals kann das Unternehmen die Zahl der eingesetzten Zeitarbeitnehmer zeitnah reduzieren und damit Personalleerkosten oder Kosten der Personalfreisetzung reduzieren.

2.5.2.5 Allgemeine wirtschaftliche Entwicklung

Die hohe Dynamik des Zeitarbeitsmarktes kommt auch in den Wachstumsraten der Zahl der überlassenen Zeitarbeitnehmer zum Ausdruck. Mit einer jahresdurchschnittlichen Wachstumsrate von 17% bis zum Jahr 2000 gehört die Zeitarbeit zu den deutschen Wachstumsbranchen.[89] Die Wachstumsraten werden aber neben einem allgemeinen Trend zur Flexibilisierung und „pro Zeitarbeit“ vor allem von der gesamtwirtschaftlichen Entwicklung bestimmt.

Ernst & Young gehen davon aus, dass jede Veränderung des BIP mit etwa siebenfacher Wirkung auf die Zahl der in der Branche beschäftigten Zeitarbeitnehmer wirkt.[90] Bei einem konjunkturellen Abschwung nutzen die Unternehmen die kurzen Kündigungsfristen und trennen sich zuerst von den Zeitarbeitnehmern. Im beginnenden Aufschwung greifen sie zuerst auf Zeitarbeitnehmer zurück, bevor sie über Festeinstellungen nachdenken.

Die idealen Wachstumsbedingungen der Zeitarbeit liegen bei einem Wirtschaftswachstum zwischen 2,0 und 2,5 Prozent.[91] Bei Wachstumsraten unter 1,5% wird auf Grund der Produktivitätssteigerung in der Regel Personal freigesetzt. Beträgt das Wirtschaftswachstum über 3,0% ist der Arbeitsmarkt so eng, dass die Zeitarbeitsfirmen keine geeigneten Bewerber finden und eine Vielzahl an offenen Aufträgen nicht besetzen können.

---

[89] Vgl. Jahn/Wolf (2005), S. 2 f.
[90] Vgl. Ernst & Young (2004), S. 18
[91] Vgl. DIS AG (2005), S. 15

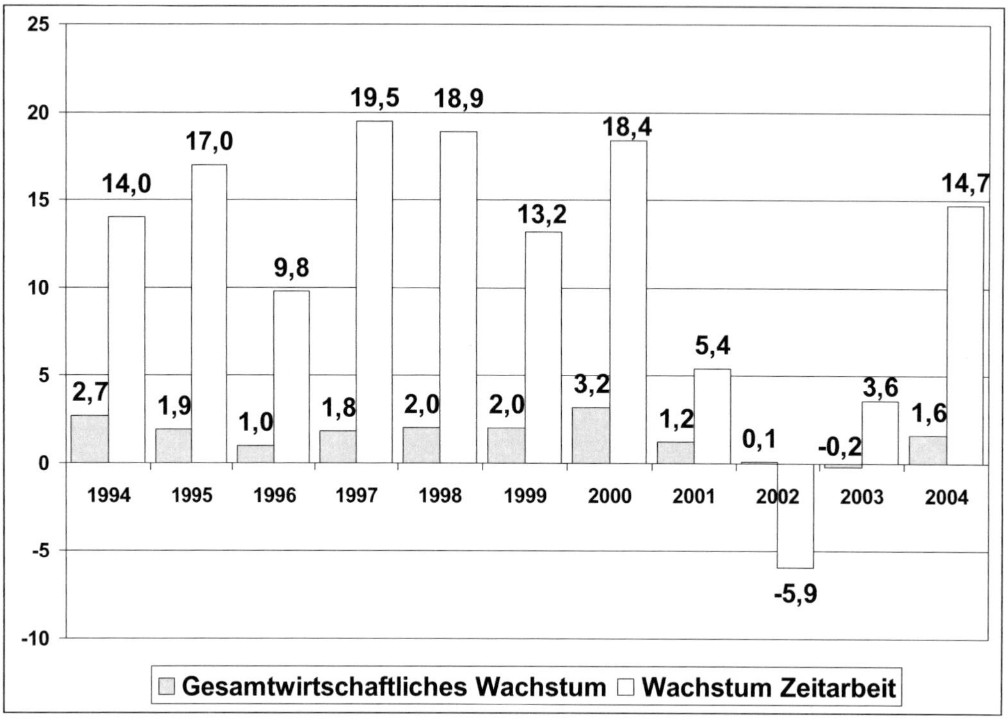

Abbildung 10: Gesamtwirtschaftliches Wachstum und Wachstum der Zeitarbeit (1994 – 2004), Quelle: Statistisches Bundesamt (2005), IAB (Jahn/Wolf (2005), S. 3), eigene Darstellung

2.6 Stellenwert des Marketing für Zeitarbeitsfirmen

Der Zeitarbeitsmarkt wurde in den vorangegangenen Abschnitten detailliert beschrieben. Es stellt sich nun die Frage, welchen Stellenwert das Marketing als Unternehmensfunktion oder auch Organisationseinheit für Zeitarbeitsfirmen besitzt. Einzelne Anbieter bezeichnen sich als Vertriebsorganisation, was auch in der internen Tätigkeitsbezeichnung des Vertriebsdisponenten (nicht Personaldisponenten wie in der öffentlichen Wahrnehmung) zum Ausdruck kommt.

Die zahlreichen Herausforderungen durch geänderte Umweltbedingungen, wie neue rechtliche Rahmenbedingungen oder Tarifverträge, verlangen nach einem ausgefeilten und hoch entwickelten Marketingkonzept. Dafür spricht auch die Vergleichbarkeit und Erklärungsbedürftigkeit der Dienstleistung, was zu einem starken Wettbewerb vor allem unter großen Zeitarbeitsfirmen führt.

Externe Experten, die sich mit dem Marketing von Zeitarbeitsfirmen beschäftigen, haben Zweifel an der Professionalität und dem Entwicklungsstand dieser Funktion innerhalb der Unternehmen. Dieser Abschnitt soll deshalb zeigen, welchen Stellenwert das Marketing von Zeitarbeitsfirmen intern genießt und welche weiteren Entwicklungen notwendig sind.

2.6.1 Marketing als Reaktion auf neue Herausforderungen

Zu den Hauptfunktionen von Zeitarbeitsunternehmen zählen neben der Beschaffung von Zeitarbeitnehmern auch der Absatz ihrer Dienstleistung.[92]

Absatz ist die alte „Funktionsbezeichnung", aus der Zeit der Käufermärkte, als es fast nur um die Distribution der Produktion oder der Dienstleistungen ging und viel weniger die Notwendigkeit bestand, überhaupt ein Bedürfnis bei potentiellen Käufern zu erzeugen und sich gegen die Konkurrenz zu behaupten.[93]

Seit Jahren besitzen aber die potentiellen Käufer eine starke Position, und das Marketing stellt deshalb eine Konzeption der Unternehmensführung dar, bei der alle betrieblichen Aktivitäten auf die gegenwärtigen und zukünftigen Erfordernisse der Märkte ausgerichtet werden.

Der Zeitarbeitsmarkt wurde bereits als ein stark wachsender Markt im Umbruch beschrieben, der deshalb eine Herausforderung für das Marketing von Zeitarbeitsfirmen darstellt. Das Marketing muss auf geänderte Rahmenbedingungen und eine veränderte Umwelt reagieren. Einige Stichworte dazu sind, die neuen Chancen, die sich durch die gesetzliche Deregulierung bieten, in Marktwachstum umzusetzen. Die neuen Tarifverträge verlangen durch ihre Transparenz und das geringfügig höhere Lohnniveau nach einer stärkeren Entwicklung des Segmentes von hoch qualifizierten Arbeitnehmern, da bei diesen die Margen und die Unterschiede zu den Tariflöhnen von Stammarbeitnehmern größer sind. Der kulturelle Hintergrund erklärt teilweise den Rückstand und das weitere Entwicklungspotential der Zeitarbeit in Deutschland. Über ein verbessertes Image kann die Akzeptanz dieser Dienstleistung bei Arbeitnehmern, Entleihbetrieben und Betriebsräten erhöht werden. Der steigende Flexibilitätsbedarf der Unternehmen und eine positive wirtschaftliche Entwicklung schaffen günstige Rahmenbedingungen für weiteres Wachstum der Zeitarbeit.

2.6.2 Wettbewerbssituation von großen Zeitarbeitsfirmen (Typologien)

Das Wettbewerbsumfeld des deutschen Marktes für Personaldienstleistungen – und insbesondere der Zeitarbeit – hat sich nach dem Gründungs- und Wachstumsboom der

---

[92] Vgl. Wierlemann (1995), S. 213

[93] Vgl. Zerres (2000), S. 5 f.

neunziger Jahre nachhaltig verändert.[94] Die gesamte Branche steht unter einem starken Veränderungsdruck, der die Geschäftsmodelle aller Anbieter auf den Prüfstand stellt. Bei der ZEW-Befragung von Zeitarbeitsfirmen im Jahr 2003 haben über 65% der Firmen den Wettbewerb als stark beziehungsweise sehr stark eingeschätzt.[95] Lediglich circa 5% bezeichneten die Wettbewerbsintensität als schwach, 1% als sehr schwach.

Die Generalisten unter den Zeitarbeitsfirmen sind große Anbieter, die als „Full-Service-Provider" fungieren und deutschlandweit vertreten sind. Von den großen Anbietern haben einzelne in der Vergangenheit schon versucht über aggressive Preisstrategien und Akquisitionen ihren Marktanteil zu erhöhen und eine Marktkonsolidierung des zersplitterten deutschen Marktes herbeizuführen. Die Spezialanbieter und vielen kleinen inhabergeführten, regionalen Zeitarbeitsfirmen betreiben ihr Geschäft in der Nische und versuchen sich damit dem Wettbewerbs- und Preisdruck teilweise zu entziehen.
Die großen Zeitarbeitsfirmen müssen sich dem Wettbewerbsdruck stellen, wenn sie nicht auf Umsatz verzichten und ihr deutschlandweites Niederlassungsnetz reduzieren wollen. Die Wettbewerbsintensität wird vor allem von Kundenseite forciert.[96] An die relativ leicht vergleichbare Dienstleistung Zeitarbeit stellen die Kunden immer höhere Anforderungen, was die Qualifikation der Zeitarbeitnehmer, die entstehenden Kosten und besseren Service angeht. Große Zeitarbeitsfirmen brauchen eine klare Strategie und ein umfangreiches und hinreichend differenziertes Leistungsportfolio, um im Wettbewerb bestehen zu können.

2.6.3 Einschätzung der Professionalität des Marketing von Zeitarbeitsfirmen

Im Laufe dieser Untersuchung wurde bereits deutlich, dass gerade große Zeitarbeitsfirmen viele Marketingaktivitäten einsetzen sollten. Die Notwendigkeit ist unbestritten vorhanden. Aber wie sieht es mit der Umsetzung in der betrieblichen Realität aus?
Verschiedene Branchenexperten äußern Zweifel an der Professionalität des Marketing von Zeitarbeitsfirmen. Obwohl der Bedarf bei großen Zeitarbeitsfirmen zweifellos vorhanden ist und diese aufgrund ihrer Unternehmensgröße auch über die notwendigen Ressourcen (zum Beispiel finanzielle Mittel) und das Know-how (dazu zählt auch der Ausbildungsstand von spezialisierten Mitarbeitern) verfügen, zeigen sich Defizite bei der Umsetzung.

---

[94] Vgl. Ernst & Young (2004), S. 24 f.
[95] Vgl. Ammermüller (2003), S. 34, Abbildung 30
[96] Vgl. Gottinger/Suberg (2001), S. 5

Sven Suberg, Projektleiter der Unternehmensberatung Dr. Wieselhuber & Partner, München, beschreibt folgende Schwierigkeiten:[97]
Es reicht nicht mehr, dass Führungskräfte und andere Mitarbeiter von Zeitarbeitsfirmen das Geschäft des Heuern, Feuern und Betreuen von Mitarbeitern beherrschen. Sie müssen zunehmend die Arbeit und die Geschäftsprozesse ihrer Kunden verstehen. Diese Kenntnis der Branche oder des jeweiligen Entleihbetriebes hilft nicht nur, die gewünschte Leistung bieten zu können, sondern sie hilft auch neue Geschäftsmöglichkeiten und eine Erweiterung der Zusammenarbeit identifizieren zu können. Diese Kompetenz fehlt vielen Zeitarbeitsfirmen. Sie haben unter anderem wegen des noch verbesserungswürdigen Images Probleme, hoch qualifizierte Arbeitnehmer für ihr eigenes, internes Personal zu gewinnen. Ohne diese Managementkompetenz ist auch die Entwicklung von ausgefeilten Marketing- und Vertriebskonzepten nicht möglich.

Katharina Bitter, eine freiberufliche Trainerin für das Marketing von Zeitarbeitsfirmen mit langjähriger Erfahrung und namhaften Kunden unter den großen Zeitarbeitsfirmen, äußert sich ähnlich.[98]
Nach ihrer Erfahrung existieren keine detaillierten Marketingkonzepte, sondern es dominiert das Tagesgeschäft und es wird vor allem mit langjährigen Stammkunden zusammengearbeitet. Die großen Zeitarbeitsfirmen vertrauen auf gewachsene Geschäftsbeziehungen als stabile Stütze. Die Neukundengewinnung wird häufig nicht gezielt und unregelmäßig alleine durch Telefonmarketing mit Aushilfskräften auf 400-Euro-Basis betrieben. Die Vertriebs- beziehungsweise Personaldisponenten haben zwar häufig Branchenerfahrung, da gerne Handwerker oder Techniker eingestellt werden, mit internen Schulungen kann das notwendige Vertriebs-Know-how aber nur unzureichend vermittelt werden.
Sie kann nur wenige positive Praxisbeispiele für aus ihrer Sicht wirklich professionelles Marketing benennen:
Kelly Services, einer der drei großen Anbieter in den USA setzt in Deutschland nicht auf das Massengeschäft und stellt nur Akademiker als internes Personal ein. Diese können die Kunden umfassend im Sinne einer angewandten „Human-Resource-Beratung" informieren und den notwendigen und möglichen Bedarf an Zeitarbeitnehmern feststellen. Eine mittelgroße Zeitarbeitsfirma – Tina Voß Zeitarbeit in Hannover –

[97] Vgl. Kuntz (2003), S. 53
[98] Telefoninterview vom 28.06.2005

setzt alleine auf die Öffentlichkeitsarbeit und hat sich damit ein positives Image und einen hohen Bekanntheitsgrad in Hannover und Umgebung erarbeitet.

Viele andere große Zeitarbeitsfirmen haben im Marketing erhebliche Defizite und müssen hier reagieren, um im Wettbewerb auch zukünftig bestehen zu können.

2.6.4 Zwischenfazit

Die bisherige Analyse des Zeitarbeitsmarktes hat gezeigt, dass viele Anbieter eine aktuelle und ausgefeilte Marketingkonzeption benötigen. Das betrifft vor allem die großen Zeitarbeitsfirmen, da diese den deutschlandweiten Markt bedienen und bei ihren Dienstleistungen sehr vergleichbar sind. Zudem kann man bei ihnen erwarten, dass die notwendigen finanziellen Ressourcen und das notwendige Know-how vorhanden sind. Kleine, inhabergeführte und nur regional tätige Zeitarbeitsfirmen oder Spezialanbieter in der Nische stehen vor anderen Herausforderungen.
Die weitere Untersuchung beschränkt sich deshalb auf das Marketing von großen Zeitarbeitsfirmen. Die internationalen Player oder deutschlandweiten Anbieter verfügen meist über eine Zentrale mit einer „Stabsabteilung" für Marketing, PR und sind häufig noch in Regionen und Niederlassungen organisatorisch gegliedert.
Auf der örtlichen Ebene agieren die Niederlassungen von großen Zeitarbeitsfirmen zumindest teilweise wie kleine, regionale Wettbewerber. Deshalb ist für das Marketing von kleinen Zeitarbeitsfirmen auch ein begrenzter Erkenntnisgewinn aus dieser Studie möglich.

Im folgenden Kapitel wird versucht, aus für das Marketing von großen Zeitarbeitsfirmen geeigneten Theorien eine idealtypische Marketingkonzeption mit Zielen, daraus abgeleiteten Strategien und Instrumenten (auf der Ebene des Marketing-Mix) zu entwickeln.

3 Themenrelevanter Theoriehintergrund für das Marketing von Zeitarbeitsfirmen

Veröffentlichungen zur Zeitarbeit sind in der jüngeren Vergangenheit viele erschienen. Ein Großteil dieser Beiträge begnügt sich mit einem allenfalls kurzen Hinweis auf mögliche theoretische Grundlagen. Ein wichtiger Bestandteil dieser Untersuchung soll es sein, aus geeigneten Theorien heraus, eine Marketingkonzeption für große Zeitarbeitsunternehmen zu entwickeln.
Wenn es um das Outsourcing von personalwirtschaftlichen Aufgaben geht, wie im Fall der Nutzung von Zeitarbeit, haben vor allem die Transaktionskostentheorie und die weiteren Theorien der Neuen Institutionenökonomie eine besondere Bedeutung.[99] Aus diesen Theorien können Handlungsempfehlungen und Schwerpunkte für die Zeitarbeit beziehungsweise das Marketing in Geschäftsbeziehungen abgeleitet werden.

Zeitarbeit oder Arbeitnehmerüberlassung ist eine Dienstleistung, die zu den unternehmensbezogenen, professionellen Dienstleistungen zu zählen ist. Die Bedeutung und Notwendigkeit eines professionellen Dienstleistungsmarketing ist in Wissenschaft und Praxis unbestritten. Hohe Wettbewerbsintensität, die Besonderheiten von Dienstleistungen und Fragen der Dienstleistungsqualität sind Themen, mit denen man sich beschäftigen muss. Die Herausforderung dieser Untersuchung ist nun, aus den zahlreichen Veröffentlichungen[100] Erkenntnisse zu ziehen und auf den Markt für Zeitarbeit zu übertragen.

Bei der Ausarbeitung einer Marketingkonzeption hat sich unter anderem der von Becker dargestellte Ansatz für eine Marketingkonzeption als integrierter Leitplanung aus Marketingzielen, -strategien und -instrumenten bewährt.[101] Dieser Ansatz soll als Bezugsrahmen dieser Untersuchung für eine Marketingkonzeption für große Zeitarbeitsfirmen dienen.

3.1 Neue Institutionenökonomie

Lange Zeit hat die klassische und neoklassische Theorie die Wirtschaftstheorie und Sichtweise vieler Ökonomen bestimmt. Sie basiert auf einer Reihe von Grundannah-

---

[99] Vgl. Matiaske/Kabst (2002), S. 251
[100] Vgl. vor allem die verschiedenen Veröffentlichungen von Meffert und Bruhn speziell zum Dienstleistungsmarketing
[101] Vgl. Becker (2001), Vorwort zur 7. Auflage

men, auf die soziale Strukturen und Beziehungen keinen signifikanten Einfluss besitzen.[102] Die klassische Theorie zeichnet ein idealtypisches Bild von vollkommenen Märkten, das aber häufig von der beobachtbaren Realität abweicht.[103] Zu diesen Annahmen über die Beschaffenheit von Märkten und der dort agierenden Personen gehört die vollständige Information aller Marktteilnehmer. Auch werden die Präferenzen der Marktteilnehmer von einer zeitlich konstanten Nutzenfunktion beschrieben („Bild des homo oeconomicus"). Sie versuchen durch rationales und kalkulierendes Verhalten ihren individuellen Nutzen zu maximieren. Die Marktteilnehmer besitzen bei dieser Theorie keine Marktmacht und müssen den vom Markt gebildeten Preis akzeptieren und sind lediglich „Mengenanpasser". Aufgrund dieser Annahmen sind die Interaktionen zwischen den Marktteilnehmern auf ein Minimum begrenzt, da Verhandlungen über Preise und andere Handelskonditionen überflüssig sind und weder dauerhafte Beziehungen zwischen den Marktteilnehmern noch Transaktionskosten entstehen.
Vor diesem Hintergrund besteht auf neoklassischen („vollkommenen") Märkten auch kein Bedarf für Marketingaktivitäten, da diese Märkte weder Ungewissheit noch unvollkommene Informationen aufweisen, die Produkte homogen sind und die Akteure eine unbegrenzte Rationalität besitzen und so durch Marketingaktivitäten keine Verbesserung erreicht werden kann beziehungsweise dafür überhaupt kein Bedarf besteht.[104]

In der realen Welt sind zahlreiche Phänomene zu beachten, die der neoklassischen Theorie widersprechen. Es bestehen Institutionen wie Unternehmen, es gibt Marktungleichgewichte, Verträge sind häufig unvollständig und verschiedene Spielregeln beeinflussen die wirtschaftlichen Aktivitäten. Die Vernachlässigung des Einflusses sozialer Strukturen in der neoklassischen Theorie und das in der Realität beobachtbare irrationale Handeln von Akteuren hat zu einer Kritik an der Neoklassik und zur Weiterentwicklung von Wirtschaftstheorien geführt. Im Gegensatz zur neoklassischen Theorie befasst sich die Institutionenökonomie mit den Unvollkommenheiten realer Märkte und mit den Einrichtungen („Institutionen"), die für die Bewältigung von Unvollkommenheiten geeignet sind. Institutionen sind nach einer Definition von Kaas evolutorisch gewachsene oder bewusst geschaffene Einrichtungen, die gleichsam die Infrastruktur einer arbeitsteiligen Gesellschaft bilden. Märkte, Unternehmen, Haushalte, Verträge und

[102] Vgl. Barchewitz/Armbrüster (2004), S. 26 ff.
[103] Vgl. Neus (2003), S. 89
[104] Vgl. Barchewitz/Armbrüster (2004), S. 26

Gesetze sind Institutionen, aber auch Handelsbräuche, Kaufgewohnheiten, Geschäftsbeziehungen, bekannte Firmennamen und Markenartikel.[105]

Coase kann als Begründer der „neuen" Institutionenökonomie angesehen werden. Er sah Markt und Unternehmung als alternative Koordinationsformen (Institutionen) zur Abwicklung von Transaktionen und gab Effizienzkriterien für den Vergleich der situationsabhängigen Vorteilhaftigkeit dieser Institutionen, der Höhe von „Marketing costs" und internen Koordinationskosten an. Weitere wesentliche Beiträge hat Williamson geliefert.[106]

Das Untersuchungsziel der Institutionenökonomie ist, den Beitrag vertraglicher, institutioneller oder auch gesetzlicher Regelungen zur Sicherung möglicher, aber gefährdeter Kooperationsvorteile herauszuarbeiten.[107]

Die Institutionenökonomie bedient sich folgender analytischer Grundinstrumente:[108]

- Methodologischer Individualismus: die Erklärung des Verhaltens von sozialen Gruppierungen muss von den Einstellungen und dem Verhalten ihrer einzelnen Mitglieder ausgehen.
- Individuelle Rationalität: der Mensch ist entweder perfekt rational (homo oeconomicus) oder zumindest intendiert rational (eingeschränkte Rationalität). Emotionale Beweggründe werden daher weitgehend aus den Verhaltenserklärungen ausgeklammert.
- Transaktionskosten: bei wirtschaftlichen Handlungen, das heißt Transaktionen, treten – gegenüber der Situation im perfekten Tauschgleichgewicht der Neoklassik – Reibungsverluste auf.

3.1.1 Grundlagen der neuen Institutionenökonomie

Die Entwicklung der neuen Institutionenökonomie kann als Reaktion auf die Kritik an den (neo)klassischen Konzepten und eine realitätsnähere Ergänzung der Standardannahmen mikroökonomischer Theorie aufgefasst werden.[109]

Die Institutionenökonomie führt sämtliche Marktunvollkommenheiten auf die eine oder andere Form von weit verstandenen Transaktionskosten zurück. Eine Transaktion wird dabei als eine Handlung verstanden, bei der Güter oder Rechte an Gütern über eine

[105] Vgl. Schade (1997), S. 18
[106] Vgl. Fischer (1993), S. 36 ff.
[107] Vgl. Neus (2003), S. 10
[108] Vgl. Schade (1997), S. 18
[109] Vgl. Barchewitz/Armbrüster (2004), S. 28 f.

Schnittstelle weitergeleitet werden. Dabei endet eine Phase der Aktivität und eine andere beginnt.[110] Transaktionskosten umfassen Informationskosten, Verhandlungs- und Entscheidungskosten und Durchsetzungskosten.
Besonders hervorzuheben ist auch die Ungleichheit der Informationsverteilung („asymmetrische Informationsverteilung"). Ein Beispiel für Individuen mit einem Informationsvorsprung macht Akerlof in seinem Aufsatz über den Markt von Gebrauchtwagen (1970: The market for lemons: quality uncertainty and the market mechanism). Er beschreibt den Informationsvorsprung des Verkäufers eines Gebrauchtwagens, der den genauen Zustand der Ware (zum Beispiel diverse Roststellen) kennt – im Gegensatz zum Käufer.[111] Diese Informationsunsicherheit auf Seiten der potentiellen Käufer führt dazu, dass sie nur bereit sind den Preis für eine mittlere Qualität zu zahlen, da sie den Angaben von Verkäufern mit einer hohen Qualität nur geringen Glauben schenken können. Die Verkäufer mit hoher Qualität ziehen sich daraufhin vom Markt zurück. Lediglich Gebrauchtwagen mit schlechter Qualität werden noch gehandelt, da die Käufer diese (schlechte) Qualität gedanklich annehmen und deshalb auch nur bereit sind, den dafür „angemessenen" Preis zu zahlen.
Eine Reduzierung der Informationsunsicherheit und Ungewissheit würde auf Seiten des Käufers und Verkäufers zu besseren Ergebnissen führen. Durch Garantien, Vertrauen und langfristige Geschäftsbeziehungen kann die Unsicherheit reduziert werden und zu wirtschaftlich besseren Ergebnissen gelangt werden.
Zu den Teildisziplinen der Institutionenökonomie werden die Property Rights Theory (Theorie der Verfügungsrechte), die Agency-Theory (Principal-Agent-Theorie) und der Transaktionskostenansatz gezählt.

3.1.2 Zeitarbeit aus institutionenökonomischer Sicht

Personaldienstleistungen, wie die Zeitarbeit, sind eine Alternative zur Einstellung von eigenem Personal und intern erbrachten Personalfunktionen.[112] Es geht dabei um die Entscheidung Eigenherstellung oder Fremdbezug – make or buy?[113] Zur Beantwortung dieser Fragestellung hat sich das Heranziehen von Theorien der neuen Institutionenökonomie bewährt.
Aber noch weitere Gründe sprechen, speziell bei der Zeitarbeit, für die Institutionenökonomie. Dabei geht es um zweierlei: zum einen um die Dienstleistung des Verleihs

---

[110] Vgl. Neus (2003), S. 91 in Anlehnung an Williamson (1985)
[111] Vgl. Neus (2003), S. 98 f.
[112] Vgl. Vosberg (2003), S. 24

von Arbeitskräften durch die Zeitarbeitsfirma an einen Entleihbetrieb und zum zweiten um die Arbeitsleistung, die das „Fremdpersonal“[114] dann im Unternehmen erbringt. In dieser Geschäftsbeziehung zwischen Verleiher und Entleihbetrieb und dann anschließend zwischen Zeitarbeitnehmer und Entleihbetrieb spielen einige Marktunvollkommenheiten, auf die die Institutionenökonomie ihr Augenmerk richtet, eine Rolle. Zwischen Zeitarbeitsfirma und potentiellem Kunden besteht eine Informationsasymmetrie, da dieser die Leistungsfähigkeit des Dienstleistungsanbieters und auch die „Qualität des Produkts“ (die Kompetenz und Leistung des zu verleihenden Arbeitnehmers) nicht kennt. Bei der zeitlich befristeten Überlassung sind mögliche Gefahren wie Leistungszurückhaltung und Kooperationsschwierigkeiten durch die zeitliche Begrenzung des Einsatzes noch schwerwiegender als bei einem „normalen“ Arbeitsvertrag, der auch schon ein Paradebeispiel an Qualitätsunsicherheit darstellt.[115]

Der Einsatz von Zeitarbeit an Stelle von Eigenpersonal kann Transaktionskosten im engeren Sinne (Kosten der Personalauswahl etc.) und auch im weiteren Sinne, wie zum Beispiel das Risiko der Qualitätsunsicherheit, reduzieren helfen, da der Entleihbetrieb keine langfristige Bindung eingehen muss.[116]

Der Principal-Agent-Ansatz hilft dabei, sich Gewissheit über das Problem der Informations- und Koordinationsverteilung in Geschäftsbeziehungen zu verschaffen[117] und daraus Schlussforderungen für einen optimalen Einsatz von Zeitarbeit abzuleiten.

Die Anwendung der Property-Rights-Theorie auf den Bereich Zeitarbeit ist besonders interessant, da sich bei dieser arbeitsrechtlichen Besonderheit die Zeitarbeitsfirma (Verleiher) und der Entleihbetrieb die Verfügungsrechte über den Leiharbeitnehmer teilen.

3.1.2.1 Transaktionskostentheorie

Ein Teilbereich der neuen Institutionenökonomie beschäftigt sich mit dem Entstehen von Kosten, die in Verbindung mit der Vorbereitung, dem Abschluss und der Kontrolle beziehungsweise Durchführung von Transaktionen stehen. Der wesentliche Teil der Transaktionskosten entsteht daher in Form von Such-, Informations- und Verhandlungskosten.[118] Diese Kosten werden durch die Dimensionen Spezifität, Unsicherheit

---

[113] Vgl. Vosberg (2003), S. 40
[114] Vgl. Nienhüser/Baumhus (2002), S. 84
[115] Vgl. Neus (2003), S. 99 f.
[116] Vgl. Nienhüser/Baumhus (2002), S. 84 f.
[117] Vgl. Vosberg (2003), S. 52 ff.
[118] Vgl. Fischer (1993), S. 89

und Häufigkeit bestimmt. Je höher die Spezifität einer Leistung, desto größer ist die – teilweise gegenseitige – Abhängigkeit der beiden Partner und die Schwierigkeit das Verhältnis zu lösen.[119] Unsicherheit erhöht immer die Transaktionskosten, da die Schwierigkeit der Gewinnung und Verarbeitung von Informationen steigt. Eine steigende Häufigkeit der Leistungserstellung senkt tendenziell die Transaktionskosten, wegen Lerneffekten, einer Fixkostendegression und Größeneffekten („economies of scale"). Gesucht ist die Organisationsform, welche die Transaktionskosten minimiert.[120] Diese „optimale Form" des Personaleinsatzes kann die Zeitarbeit sein. Um deren Kostenvorteile unter Beachtung der bei jeder Transaktion entstehenden Gesamtkosten ermitteln zu können, muss man die Alternative Zeitarbeit mit anderen Formen des Personaleinsatzes vergleichen. Die Zeitarbeit steht meistens in Konkurrenz zum Einsatz von betriebseigenem Personal beziehungsweise der Neueinstellung von Arbeitskräften im Betrieb. Ein Schritt über die Zeitarbeit hinaus könnte auch das Outsourcing von Arbeitsleistungen sein, indem Werkverträge abgeschlossen werden und bislang im Betrieb produzierte Leistungen von außen bereits fertig eingekauft werden.[121]

Wo liegen nun Transaktionskostenvorteile bei der Nutzung von Zeitarbeit gegenüber der Neueinstellung von Personal für den Betrieb?

Bei der Nutzung von Zeitarbeit wird ein bestimmter Stundensatz pro Einsatzstunde des Zeitarbeiters von der Zeitarbeitsfirma in Rechnung gestellt. Aus Transaktionskostensicht ist auch zu berücksichtigen, welche Kosten anfallen, um eine geeignete Zeitarbeitsfirma zu ermitteln, mit dieser einen Arbeitnehmerüberlassungsvertrag abzuschließen und welcher Aufwand für die Abrechnung der Kosten entsteht. Daneben entstehen noch Kosten für die Einarbeitung des Zeitarbeiters und die Kontrolle seiner Arbeitsleistung. Die gesamten Transaktionskosten der Nutzung von Zeitarbeit dürften aber relativ gering sein – beziehungsweise sie müssen durch die Anbieter von Zeitarbeit sehr gering gehalten werden, da deren Geschäftsmodell zu einem großen Teil auf Transaktionskostenvorteilen gegenüber der regulären Einstellung von neuem Personal oder auch der höheren Auslastung von eigenem Personal (zum Beispiel in Form von Überstunden) basiert.

Viele potentielle Entleihbetriebe kennen mindestens eine Zeitarbeitsfirma (66% laut einer empirischen Studie der Universität Jena) – auch wenn sie Zeitarbeit noch nie in

---

[119] Vgl. Fischer (1993), S. 95 ff.
[120] Vgl. Vosberg (2003), S. 59
[121] Vgl. Matiaske/Kabst (2002), S. 251 f.

Anspruch genommen haben.[122] Die Kontaktaufnahme mit der Beschreibung der erforderlichen Qualifikation des Leiharbeitnehmers kann dann telefonisch erfolgen, der Abschluss des Arbeitnehmerüberlassungsvertrages ist auch per Fax möglich. Zur Anbahnung der Arbeitnehmerüberlassung entstehen nur geringe Kosten (geringer Zeitaufwand in der Personalabteilung des Entleihbetriebes, Telefon- und sonstige Sachkosten sind vernachlässigbar). Der Einarbeitungsaufwand ist umso geringer, je genauer vorher vom Betrieb das Anforderungsprofil des gesuchten Zeitarbeitnehmers beschrieben wurde. Sollte die kontaktierte Zeitarbeitsfirma keine geeignete Kraft stellen können, wird der Betrieb mit Konkurrenten Kontakt aufnehmen. Nachdem es bei Zeitarbeit meist um temporäre Aufgaben geht, ist mit einem mittleren Einarbeitungsaufwand zu rechnen, der sich häufig nicht von dem bei einer regulären Neueinstellung unterscheiden wird. Möglicherweise fällt es dem Zeitarbeitnehmer sogar leichter, sich neuen betrieblichen Anforderungen anzupassen, da er über Erfahrung mit wechselnden Arbeits- und Einsatzorten verfügt.[123] Der Kontrollaufwand hängt stark von der individuellen Arbeitsaufgabe ab und ist höher als beim Stammpersonal des Entleihbetriebes, aber wahrscheinlich vergleichbar mit dem von anderen Neueinstellungen.

Im Gegensatz zur Zeitarbeit ist eine reguläre Neueinstellung mit deutlich höheren Transaktionskosten verbunden. Dazu zählen: Kosten der Personalsuche und -auswahl (zum Beispiel für Zeitungsinserate), Personalverwaltungskosten (Gehaltsabrechnung etc.), Gefahr der Fehlbesetzung mit hohen Kündigungskosten und dem Aufwand für die Wiederbesetzung, Personalaufwand auch bei Krankheit und Urlaub und die Kosten der Mitbestimmung.[124]

Insgesamt ist deshalb festzuhalten, dass Zeitarbeit einen deutlichen Transaktionskostenvorteil gegenüber reguläreren Neueinstellungen und gegebenenfalls auch gegenüber der verstärkten Auslastung des vorhandenen Personals (zum Beispiel wegen der zuschlagspflichtigen Überstunden, Mitbestimmungsrechten des Betriebsrates …) aufweist. Die Gesamtkosten pro Arbeitnehmer liegen bei der Nutzung von Zeitarbeit selbst dann niedriger als bei Neueinstellungen, wenn der Stundenverrechnungssatz deutlich über dem Bruttostundenlohn von Mitarbeitern im Entleihbetrieb liegt.

Der Vergleich mit der anderen denkbaren Alternative, dem Outsourcing der betrieblichen Leistung zum Beispiel in Form eines Werkvertrages, ist schwierig. Für die Zeitarbeit spricht, dass die Leistung weiterhin im Betrieb erbracht wird, der Betrieb das

---

[122] Vgl. Watzka (2000a), S. 45 f.
[123] Vgl. Wittwer/Münchhausen (2001), S. 66
[124] Vgl. Nienhüser/Baumhus (2002), S. 85 f.

Direktionsrecht über das Personal ausübt und die Gefahr eines Know-how-Verlustes durch die Möglichkeit der Übernahme von ausgewählten Zeitarbeitnehmern in die Stammbelegschaft des Betriebes ausgeschlossen werden kann. Zudem ist die Gefahr der Abhängigkeit von einem Zulieferer bei einem Werkvertrag größer als bei Zeitarbeit, da bei Zeitarbeit die Prozesse weiterhin im Betrieb erbracht werden.

Aus transaktionskostentheoretischer Sicht ergeben sich für eine Marketingkonzeption von Zeitarbeitsfirmen folgende Empfehlungen:

- Zeitarbeit bietet meist einen erheblichen Transaktionskostenvorteil, der zu geringeren Gesamtkosten als bei Neueinstellungen führt.
- Dieser Vorteil muss gegenüber Kunden kommuniziert werden (ist erklärungsbedürftig).[125]
- Die Nutzung von Zeitarbeit muss mit minimalem Aufwand möglich sein („Anruf genügt“, schnelle Reaktion der Zeitarbeitsfirma).
- Der Arbeitnehmerüberlassungsvertrag sollte dem Risiko der Unsicherheit durch kurze Kündigungsfristen und eine Art Umtauschrecht für den Zeitarbeitnehmer Rechnung tragen. Zudem muss bei Urlaub oder Erkrankung eine Ersatzkraft gestellt werden.
- Langfristige Geschäftsbeziehungen und häufige Transaktionen reduzieren die Transaktionskosten zusätzlich, da sich die Partner kennen.
- Großkunden sind geeignete Schnittstellen, wie zum Beispiel ein geschützter Bereich im Internet anzubieten, über den sie schnell und transparent Zeitarbeitnehmer anfordern können und auf diesem Weg kann gegebenenfalls auch die Abrechnung erfolgen.

[125] Vgl. Watzka (2000a), S. 46; dürftiger Wissenstand von Nichtnutzern der Zeitarbeit

3.1.2.2 Theorie der Property Rights

Die Property-Rights-Theorie führt einen gegenüber der Neoklassik erweiterten Gutsbegriff ein.[126] Der Wert und die Austauschrelation eines Gutes werden von dem an diesem Gut und mit dessen Nutzung verbundenen Rechte bestimmt. Folgende Verfügungsrechte sind möglich:[127]

- das Recht der Nutzung (usus),
- das Recht der Veränderung (abusus),
- das Recht der Gewinnaneignung (usus fructus) und
- das Recht zur Veräußerung des materiellen oder immateriellen Gutes

Durch vertragliche Vereinbarungen können diese Bündel oder Teile von Rechten übertragen werden. Genau dies geschieht bei der Zeitarbeit. Das Recht auf zeitlich begrenzte oder auch unbegrenzte Nutzung einer Arbeitskraft wird dabei vom Verleiher auf den Entleihbetrieb übertragen. Dieser hat das Recht die Früchte und Gewinne aus der Arbeit des Zeitarbeitnehmers in seinem Betrieb zu ziehen. Das Recht auf Veränderung (bei Arbeitnehmern ist hier zum Beispiel an eine Weiterqualifizierung oder an sonstige Änderungen des Arbeitsvertrages des Zeitarbeiters zu denken) oder Veräußerung (in gewisser Form auch der Verleih von Arbeitskräften) liegt alleine bei dem Verleiher, der Zeitarbeitsfirma.[128] So ist die Arbeitnehmerüberlassung ein Beispiel, wie sich zwei Partner (der Verleiher und der Entleihbetrieb) die Rechte aus dem Arbeitsvertrag gegenüber dem Zeitarbeitnehmer zu beiderseitigem Vorteil teilen können.

Aus der Property-Rights-Theorie ergibt sich folgende Schlussfolgerung für das Marketing von Zeitarbeitsfirmen:

- Arbeitnehmerüberlassung ist eine intelligente Form, um die Verfügungsrechte über einen Arbeitnehmer zwischen Verleiher und Entleihbetrieb zu teilen. Der Entleihbetrieb hat den Vorteil, dass er kein Risiko und nur geringe Verpflichtungen eingeht und trotzdem Gewinne aus der Arbeitsleistung des Zeitarbeitnehmers ziehen kann. Dies trägt einem Wunsch nach hoher Flexibilität Rechnung.

---

[126] Vgl. Schade (1997), S. 20
[127] Vgl. Vosberg (2003), S. 42
[128] Vgl. Vosberg (2003), S. 47

3.1.2.3 Principal-Agent-Theorie

Im Mittelpunkt der Principal-Agent-Theorie steht die vertraglich geregelte Austauschbeziehung zwischen einem Auftraggeber (Principal) und einem Auftragnehmer (Agent), die durch eine Informationsasymmetrie und Unsicherheit gekennzeichnet ist.[129] Der Principal versucht seine Nachteile durch eine Vertragsgestaltung zu reduzieren, die sicherstellen soll, dass der Agent sich in seinem Sinne verhält.
In einer typischen Principal-Agent-Beziehung liegen folgende Bedingungen vor:[130]

- Zielkonflikt
  Die Arbeit ist für den Agenten mit Aufwand verbunden. Der Agent beeinflusst aber durch sein Verhalten das Nutzenniveau des Principal. Je höher der Arbeitseinsatz des Agenten, desto höher ist wahrscheinlich das Nutzenniveau des Principal. Der Principal hat also ein Interesse daran, dass der Agent möglichst viel arbeitet, wogegen der Agent möglichst wenig arbeiten möchte.

- Informationsasymmetrie
  Der Principal kann den Agenten nicht dauerhaft kostenlos beobachten. Deshalb ist eine im voraus festgelegte Entlohnung, auch wenn sich diese am Arbeitsvolumen des Agenten orientiert, nicht sinnvoll. Der Agent hat auch bei höheren Zahlungen einen Anreiz, weniger zu arbeiten als vereinbart. Der Zielkonflikt und die Informationsasymmetrie bewirken gemeinsam ein „Moral hazard"-Problem, das heißt die Unsicherheit und Informationsasymmetrie bezieht sich auf Handlungen, die erst nach Vertragsschluss vollzogen werden, wogegen beim Eingehen der Kooperation eine symmetrische Informationsverteilung vorliegen kann.[131]

- Kooperation unter (exogenem) Risiko
  Aus dem oben genannten Grund scheint es sinnvoller, die Entlohnung am nach vollendeter Arbeit beobachtbaren Output des Arbeitnehmers vorzunehmen. Der Agent erhält dadurch einen starken Anreiz, im Interesse des Principal zu arbeiten. Dabei trägt der Agent häufig einen Teil des Risikos für den Arbeitserfolg, da dieser nicht nur von seiner Arbeitsleistung, sondern auch von externen Faktoren abhängig ist. Die Principal-Agent-Theorie unterstellt dem Agenten ein risikoscheues Verhalten. Wenn er nun einen Teil des Risikos für den Erfolg seiner Arbeit tragen soll, wird er dafür eine Risikoprämie fordern.

---
[129] Vgl. Vosberg (2003), S. 52
[130] Vgl. Schade (1997), S. 49 f.

Für ein Unternehmen, das Zeitarbeit nutzen möchte, entstehen gleich zwei Principal-Agent-Beziehungen. Die erste Beziehung entsteht mit der Auftragserteilung und bezieht sich auf die Vermittlung und den Verleih einer geeigneten Arbeitskraft für eine bestimmte Zeitdauer. Der Agent ist in diesem Fall der Vertriebsdisponent der Zeitarbeitsfirma beziehungsweise diese selbst. Die Unsicherheit und Informationsasymmetrie besteht bei Auftragserteilung darin, dass der Auftraggeber nicht weiß, ob er schnell die von ihm benötigte Arbeitskraft in der gewünschten Qualität erhält – der Auftrag also in seinem Sinne ausgeführt wird.

Bei Zeitarbeit beziehungsweise Arbeitnehmerüberlassung kommt es aber zusätzlich noch zur „klassischen" Principal-Agent-Beziehung zwischen einem Arbeitgeber und Arbeitnehmer. Die Rolle des Arbeitgebers nimmt zu einem gewissen Teil der Entleihbetrieb wahr (auch wenn kein Arbeitsvertrag zwischen Entleihbetrieb und Leiharbeitnehmer besteht), da er das Direktionsrecht für den Zeitarbeitnehmer ausübt und dessen Arbeitsleistung nutzt. Der Zeitarbeitnehmer könnte sich – auch in Anbetracht der gegenüber dem Stammpersonal im Entleihbetrieb geringeren Entlohnung – opportunistisch verhalten und nur eine geringe Arbeitsleistung oder -qualität erbringen.[132] Die Entleihbetriebe können bei Nutzung der Zeitarbeit diesem opportunistischen Verhalten nicht durch Anreizsysteme begegnen, da der Arbeitsvertrag (Grundlage für die meisten Anreizsysteme) zwischen Zeitarbeitsfirma und Leiharbeitnehmer besteht.

Für das Marketing von Zeitarbeitsfirmen bedeutet es eine Herausforderung, die beiden Informationsasymmetrien abzubauen und die Unsicherheit des potentiellen Auftraggebers zu reduzieren.

Dies kann geschehen durch:

- Werbung für die Leistungsfähigkeit der Zeitarbeitsfirma. Besonders geeignet ist der persönliche Verkauf, um zu überzeugen und Vertrauen zu vermitteln. Geeignet ist sicher auch die Einbeziehung von Branchenmedien (Fachzeitschriften, Messen, Verbandstreffen) um zu einem Interessenaustausch von Nutzern der Zeitarbeit oder zu „Mund-zu-Mund-Propaganda" anzuregen; gegebenenfalls auch die Vorstellung von erfolgreichen Fallstudien.
- Die Möglichkeit die Arbeitsleistung eines Zeitarbeitnehmers im Rahmen einer Probearbeit vor dem Einsatz kennen zu lernen und Bestimmungen des Arbeitneh-

---

[131] Vgl. Neus (2003), S. 95

[132] Vgl. Nienhüser/Baumhus (2002), S. 99 ff.; außerdem Friedrich/Martin (2004), S. 215 f.

merüberlassungsvertrages, nach denen der Entleihbetrieb einen Austausch des Leiharbeitnehmers wegen Qualifikationsmängeln oder Minderleistung verlangen kann.

3.2 Dienstleistungsmarketing

Nach Ansicht von Meffert und Bruhn steht die marktorientierte Unternehmensführung seit geraumer Zeit vor großen Herausforderungen.[133] Alleine der Begriff der marktorienterten Unternehmensführung zeigt schon, welchen Stellenwert die beiden im Marketing sehr renommierten Autoren dem Marketing beimessen. Dieser Bereich der Betriebswirtschaftslehre ist aus ihrer Sicht einer der wichtigsten, da er die Ausrichtung eines Unternehmens direkt an den Erfordernissen des Marktes und damit auch an den Bedürfnissen der Kunden gewährleistet.

Die Forschung im Marketing unterscheidet bereits seit den 80er Jahren stark nach dem Schwerpunkt der Unternehmenstätigkeit – Erbringung von Dienstleistungen oder Erzeugung von Sachgütern.[134] Eine Dienstleistung kann wie folgt definiert werden: unter einer Dienstleistung versteht man jede einem anderen angebotene Tätigkeit oder Leistung, die im wesentlichen immaterieller Natur ist und keine direkten Besitz- oder Eigentumsveränderungen mit sich bringt. Die Leistungserbringung kann – muss jedoch nicht – mit einem Sachgut verbunden sein.[135]

Das Dienstleistungsmarketing kann dabei noch in die beiden Dimensionen „marktgerichtet" (Absatz an Endverbraucher oder gewerbliches Unternehmen) und „unternehmensgerichtet" (Kerndienstleistung oder Zusatzleistung des erzeugenden Unternehmens) unterschieden werden.[136] Gerade bei Firmen, die ihre Dienstleistung als Kernprodukt an gewerbliche Unternehmen richten, besteht noch ein Forschungsdefizit, da sich die meisten Veröffentlichungen und Forschungsarbeiten mit konsumtiven (an Endverbraucher gerichteten) Kerndienstleistungen beschäftigen.[137] Anhand dieser Unterscheidung ist auch das Marketing von Zeitarbeitsfirmen dem noch unzureichend erforschten Feld der Kerndienstleistungen für gewerbliche Unternehmen zuzuordnen.

Das Dienstleistungsmarketing beschäftigt sich vor allem mit den Eigenschaften, die Dienstleistungen von Sachgütern unterscheiden und wie sich diese Besonderheiten auf das Marketing der Dienstleistungen auswirken.

---

[133] Vgl. Meffert/Bruhn (2003), S. 3
[134] Vgl. Meffert/Bruhn (2003), S. 4
[135] Vgl. Kotler/Bliemel (2001), S. 772
[136] Vgl. Meffert/Bruhn (2003), S. 25 f.

3.2.1 Besonderheiten von Dienstleistungen

Auf viele Dienstleistungen treffen einige Besonderheiten zu, welche die Gestaltung des Marketingprogramms stark beeinflussen. Meffert und Bruhn nennen die Leistungsfähigkeit des Dienstleistungsanbieters, die Integration des externen Faktors und die Immaterialität des Leistungsergebnisses.[138]

Unter der *Leistungsfähigkeit des Dienstleistungsanbieters* wird das Potential des Dienstleistungsanbieters verstanden, die Dienstleistung zu erbringen, wenn der Kunde dazu den Auftrag erteilt. Der Dienstleistungsanbieter muss seine Kompetenz gegenüber dem potentiellen Kunden dokumentieren: im Falle einer Arbeitnehmerüberlassung muss die Zeitarbeitsfirma überzeugend den Eindruck erwecken, dass sie schnell eine geeignete Arbeitskraft zur Verfügung stellen kann. Das Leistungspotential ist zu einem problemlösungsorientierten Paket zusammenzustellen, unter Berücksichtigung einer branchen-, anbieter- und kundenspezifischen Segmentation. Eine weitere Reaktion, um die Leistungsfähigkeit besonders gut vor der Erbringung von Dienstleistungen unter Beweis zu stellen, liegt in der Materialisierung des Fähigkeitspotentials. Gerade mit den Mitteln der Kommunikationspolitik können Mitarbeiter mit fachlich überzeugender und glaubwürdiger Ausstrahlung vorgestellt werden, um eine vorhandene Kompetenz deutlich sichtbar zu machen.

Bei Kotler und Bliemel wird das Merkmal der Leistungsfähigkeit des Dienstleistungsanbieters unter einem etwas anderen Aspekt dargestellt: der *Qualitätsschwankung*.[139] Sie betonen die Tatsache, dass Dienstleistungen hohen Schwankungen unterliegen, abhängig davon, wer diese erbringt beziehungsweise wann und wo diese erbracht werden. Der Dienstleister kann seine Qualität durch die Schulung der Mitarbeiter, die Standardisierung von Arbeitsabläufen und eine regelmäßige Überwachung der Kundenzufriedenheit positiv beeinflussen.

In der Festlegung und Erklärung der anderen beiden Besonderheiten von Dienstleistungen – der Integration des externen Faktors und der Immaterialität – sind sich die verschiedenen Autoren dagegen einig. Bei einer Dienstleistung wird in den Prozess dieser Dienstleistung stets ein *externer Faktor* einbezogen. Das ist in der Regel der Kunde – egal ob als Mensch oder als Objekt des Kunden (zum Beispiel das zur Reparatur abgegebene Auto). Das Ergebnis und der Erfolg der Dienstleistung hängen von der

---

[137] Vgl. Meffert/Bruhn (2003), S. 25
[138] Vgl. Meffert/Bruhn (2003), S. 60
[139] Vgl. Kotler/Bliemel (2001), S. 777

Einbeziehung des externen Faktors („Kunden“) ab. Hieraus ergibt sich die Herausforderung, dass der externe Faktor gegebenenfalls transportiert und vor der Erbringung der Dienstleistung gelagert werden muss. Ist der Dienstleistungsnachfrager während des Erstellungsprozesses präsent, muss dies durch besondere Marketinganstrengungen, wie zum Beispiel Gespräche mit dem Kunden beim Frisör, angenehme Musik etc. berücksichtigt werden. Gleichzeitig können zu diesem Zeitpunkt unerwünschte Kunden, beispielsweise durch die Vergabe von Wartezeiten, vom Dienstleistungsprozess ferngehalten werden. Zwischen dem potentiellen Kunden und Dienstleistungsanbieter besteht eine asymmetrische Informationsverteilung, die durch die Vertragsgestaltung und weitere Marketingmaßnahmen abgebaut werden sollte, um das Unsicherheitsrisiko für den Kunden zu reduzieren.
Dienstleistungen wird das Merkmal der *Immaterialität* zugeschrieben.[140] Das bedeutet, dass sie nicht materiell greifbar sind. Man kann sie meist nicht sehen, schmecken, fühlen, hören oder riechen, bevor man sie erwirbt. Zudem sind sie nicht lagerfähig. Dies erzeugt Unsicherheit beim Käufer.[141] Bestimmte immaterielle Dienste werden materialisiert, um einen bestimmten Eindruck zu erzeugen (zum Beispiel zieht der Arzt demonstrativ seine Handschuhe vor der Operation an und desinfiziert diese, um Sorgfalt, Hygiene und Professionalität unter Beweis zu stellen). Wegen der mangelnden Lagerfähigkeit ist es notwendig, eine enge zeitliche Koordination zwischen der Produktionskapazität und der Nachfrage herzustellen (zum Beispiel durch die Terminvergabe beim Frisör oder Arzt). Die Steuerung der Nachfrage kann auch durch preispolitische Maßnahmen erfolgen.

Die Besonderheiten von Dienstleistungen stellen eine Herausforderung für deren Anbieter dar. Diese haben aber unter Einbeziehung von Wissenschaft und Praxis mit dem Instrumentarium des integrierten Dienstleistungsmarketing eine geeignete Antwort gefunden.

---

140 Vgl. Meffert/Bruhn (2003), S. 64
141 Vgl. Kotler/Bliemel (2001), S. 775

3.2.2 Maßnahmen des integrierten Dienstleistungsmarketing

Integriertes Dienstleistungsmarketing besteht aus verschiedenen Elementen, die die Bedeutung von Vertrauen, Reputation, Netzwerken und langfristigen Geschäftsbeziehungen berücksichtigen.[142]

Dabei kommt es darauf an, die so genannten 7 Ps (4 klassische und 3 erweiterte P des Dienstleistungsmarketing) zu einem schlüssigen Konzept zusammenzufassen.[143]

An erster Stelle ist die klassische Produktpolitik zu nennen, die bei Dienstleistungen auch als *Leistungspolitik* bezeichnet wird. Im Rahmen der Leistungspolitik ist zunächst festzulegen, welche konkreten Leistungen in welcher Ausgestaltungsform angeboten werden sollen. Dabei kann das Angebot zeitlich zum Beispiel in die Phasen Pre Sales (Konzeption und Beratung), Sales-Phase (Erbringung der Dienstleistung) und After Sales (Garantie und Nachbetreuung) unterteilt werden. Auch eine Aufteilung der Leistungen anhand der Wertschöpfungskette ist möglich. Bei einer Urlaubsreise wäre der erste Schritt die Beförderung der Reisenden zum Flughafen, dann die Flugreise, die Übernachtungen am Urlaubsort und die Rückreise.

Neben der Leistungspolitik hat die *Preispolitik* eine entscheidende Bedeutung für den Erfolg von Dienstleistungen. Der Preis einer Leistung kann sich an der Zahlungsbereitschaft der potentiellen Kunden, an den Preisen von Konkurrenten, an der Kostenstruktur des Anbieters oder an der möglichen Qualitätswahrnehmung der Kunden, die teilweise vom Preis abgeleitet wird, orientieren. Niedrige Preise können auch als Investition des Dienstleistungsanbieters in neue Kunden oder zur Kundengewinnung für neue Produkte dienen.

Die *Kommunikationspolitik* ist ein Bereich, der sehr stark auf die Besonderheiten von Dienstleistungen eingehen muss. Die Kommunikation richtet sich an verschiedene Zielgruppen und soll dennoch eine Einheit aus unterschiedlichsten Quellen und Ebenen der Kommunikation bilden. Häufig steht im Mittelpunkt der Kommunikationspolitik die glaubwürdige Präsentation der Leistungsfähigkeit des Anbieters oder dass die Dienstleistungen materialisiert und visualisiert werden sollen, um die Unsicherheit des Kunden zu reduzieren.

Die *Distributionspolitik* trifft die Entscheidung darüber, wie die physische Bewegung der Dienstleistung zwischen Hersteller und Kunden erfolgen soll und an welchem Ort der Service erbracht wird. Moderne Kommunikationsmittel wie das Telefon oder Internet machen Dienstleistungen möglich, die weder am Ort des Herstellers noch vor

---

[142] Vgl. Barchewitz/Armbrüster (2004), S. 65

Ort beim Kunden erbracht werden. Trotzdem setzen die meisten Dienstleister auf örtliche Niederlassungen, was bei manchen Dienstleistern, wie zum Beispiel einem Frisör, eine existentielle Bedeutung hat, da die Kunden hier nur selten lange Anfahrtswege akzeptieren würden. In der Regel setzen Dienstleister nur eigenes Verkaufspersonal ein, das häufig auch die Leistungserstellung übernimmt, da gerade bei der geringen Mitarbeiteranzahl vieler Dienstleistungsunternehmen keine personelle Trennung zwischen „Verkauf" und „Produktion" möglich ist. Bei der Zeitarbeit ist der Disponent auf der einen Seite als „Personaldisponent" für die Rekrutierung von neuen Mitarbeitern zuständig, auf der anderen Seite „verkauft" er in seiner Funktion als „Vertriebsdisponent" die Dienstleistung an Unternehmen.

Die Besonderheiten von Dienstleistungen machen es erforderlich, neben den klassischen Maßnahmebereichen weitere einzubeziehen, um so zu einer „Exzellenz" von Dienstleistungen zu gelangen, die zu einer Wettbewerbsüberlegenheit führt. Deshalb sind die klassischen 4 Ps um die Faktoren Personal, Ausstattungspolitik und Prozesspolitik zu erweitern.

Die *Personalpolitik* eines Dienstleistungsunternehmens beeinflusst meistens die Dienstleistungsqualität und auch deren Wahrnehmung durch die Kunden. Deshalb tragen Investitionen in das Personal zum Beispiel durch eine besonders sorgfältige Personalauswahl oder eine kontinuierliche Weiterentwicklung des Personals zu besseren Leistungen bei. Gerade bei Dienstleistern ist das Personal *der* entscheidende Produktionsfaktor.

Die *Ausstattungspolitik* besteht aus den Bereichen Kapazitätsmanagement und Imagetransfer. Das Kapazitätsmanagement sorgt dafür, dass die erforderlichen Personal- und Sachressourcen, wie zum Beispiel Räume, Telefonanschlusse, Computer etc., in der erforderlichen Anzahl zur Verfügung stehen. Eine hochwertige Ausstattung soll einen positiven Imagetransfer auslösen. Der Anbieter soll für besonders kompetent, zuverlässig und professionell gehalten werden. Ein Paradebeispiel sind die Glaspaläste und die sehr formelle Kleidung der Mitarbeiter von Banken, die einen Eindruck von Vertrauen, Seriosität und Bonität vermitteln sollen.

---

[143] Vgl. Bruhn/Meffert (2002), S. 17

Spätestens seit den Werken von Michael Hammer[144] ist die Bedeutung des Denkens in *Prozessen* und Arbeitsabläufen nicht nur in Industriebetrieben, sondern auch bei Dienstleistern fest verankert. Gerade bei Dienstleistungen wünscht sich der Kunde häufig die Leistung „aus einer Hand" – ohne viele zeitaufwändige Schnittstellen und die Beteiligung von vielen verschiedenen Abteilungen oder Funktionen.

Abschließend kann man zum Theoriekonzept des Dienstleistungsmarketing sagen, dass Meffert und Bruhn eine starke Verbindung des Dienstleistungsmarketing zu den Theorien der neuen Institutionenökonomie sehen.[145] Die beiden theoretischen Hintergründe neue Institutionenökonomie und Dienstleistung ergänzen sich und geben daher eine schlüssige Empfehlung zu einer Marketingkonzeption für große Zeitarbeitsfirmen ab. Der formelle Bezugsrahmen soll sich an Becker orientieren und wird auf den folgenden Seiten dargestellt.

3.3 Marketingkonzeption nach Becker als Bezugsrahmen

Die Realisierung der „Marketing-Philosophie" ist an eine schlüssig abgeleitete Konzeption im Sinne einer ganzheitlich orientierten Handlungsanweisung gebunden. Derartige Handlungsanweisungen setzen eine Fixierung auf die drei zentralen Entscheidungsebenen im Marketing voraus: die Ziel-, Strategie- und Mixebene. Dieser konzeptionelle Ansatz nach Becker[146] hat sich zwischenzeitlich als Bezugsrahmen für verschiedene Marketingentscheidungen bewährt und soll deshalb hier kurz vorgestellt werden und dann als Grundlage für eine eigene Marketingkonzeption für große Zeitarbeitsfirmen dienen.

3.3.1 Ziele

Ein Marketingziel drückt aus, „wo wir hinwollen" – es wird also der „Wunschort" bestimmt.[147]

Es gibt eine Vielzahl von völlig verschiedenen Unternehmenszielen, die von diversen Autoren in unterschiedliche Kategorien eingeordnet werden. Zu den wichtigsten Unternehmenszielen zählen sicherlich Marktleistungsziele (zum Beispiel Produktqualität, Innovationen, Kundenservice), Marktstellungsziele (Umsatz, Marktanteil, neue

144 Vgl. Hammer (1996), Business Reengineering. Die Radikalkur für das Unternehmen.
145 Vgl. Meffert/Bruhn (2003), S. 70
146 Vgl. Becker (2001), Vorwort zur 1. u. 7. Auflage
147 Vgl. Becker (2001), S. 4

Märkte) und Rentabilitäts- beziehungsweise Finanzziele (zum Beispiel Gewinn, Umsatzrentabilität, Liquidität). Daneben verfolgt ein Unternehmen aber auch soziale und gesellschaftsbezogene Ziele – wie zum Beispiel sichere Arbeitsplätze oder Umweltschutz.[148]

Ein Ziel bedarf immer einer ausreichenden Konkretisierung. Diese muss den Zielinhalt („Was soll erreicht werden?"), das Zielausmaß („Wie viel davon soll erreicht werden?") und die Zielperiode („Wann soll es erreicht werden?") enthalten.[149]

Das Zielsystem eines Dienstleistungsanbieters kann in unternehmensgerichtete, kundengerichtete und mitarbeitergerichtete Ziele gegliedert werden.[150] Zu den unternehmensgerichteten Zielen zählen zum Beispiel die Festlegung von Absatzmengen, Marktanteile, Deckungsbeiträge, Umsatz und Gewinn. Im Bereich der kundengerichteten Ziele können Image, Qualitätswahrnehmung, Kundenzufriedenheit, Beziehungsqualität, Kundenbindung und Kundenwert aufgeführt werden. Für Dienstleister haben auch die mitarbeiterbezogenen Ziele eine hohe Bedeutung. Dazu zählen die Mitarbeiterzufriedenheit, -motivation, -bindung und die Leistungsfähigkeit der Mitarbeiter.

3.3.2 Strategien

Die Marketingstrategien sollen aussagen, „wie kommen wir dahin" – es wird die „Route" zu den Marktzielen festgelegt.[151]

Dabei hat sich in der Marketingforschung ein mehrdimensionales Strategiekonzept mit den Ebenen

- Marktfeldstrategien,
- Marktstimulierungsstrategien,
- Marktparzellierungsstrategien und
- Marktarealstrategien

etabliert.[152]

Zu den *Marktfeldstrategien* zählen die Marktdurchdringungsstrategien, Marktentwicklungsstrategien, Produktentwicklungsstrategien und Diversifikationsstrategien. Diese Ansätze beantworten die Frage, ob das Unternehmen mit vorhandenen oder neuen Produkten auf gegenwärtigen oder neuen Märkten präsent sein möchte.[153]

---

[148] Vgl. Becker (2001), S. 16 f.
[149] Vgl. Becker (2001), S. 23
[150] Vgl. Meffert/Bruhn (2003), S. 188 ff.
[151] Vgl. Becker (2001), S. 4
[152] Vgl. Becker (2001), S. 147
[153] Vgl. Becker (2001), S. 148

Im Rahmen einer *Marktstimulierungsstrategie* trifft das Unternehmen die Entscheidung, ob es mit einer Präferenzstrategie (eher Hochpreispolitik und Markenpolitik) oder durch eine Preis-Mengen-Strategie (Niedrigpreis oder besonders günstiges Preis-Leistungs-Verhältnis) Kunden gewinnen möchte.[154]

Bei den *Marktparzellierungsstrategien* muss das Unternehmen sich entscheiden, ob es mit Standardprodukten für Durchschnittskäufer einen Massenmarkt bedienen möchte oder ob es nach einer Marktsegmentierung (Aufteilung des Marktes nach demografischen, psychografischen und kaufverhaltensbezogenen Kriterien) bestimmte Zielgruppen mit auf sie zugeschnittenen Angeboten ansprechen will.[155]

Die *Marktarealstrategie* bestimmt den Markt- beziehungsweise Absatzraum des Unternehmens. Es wird unterschieden in nationale Strategien (Domestic Marketing) und übernationale Strategien (Internationales Marketing).[156]

Daneben wird den Wettbewerbsstrategien von Porter – Kostenführerschaft, Differenzierung oder Konzentration auf Schwerpunkte – noch eine eigenständige Rolle zugestanden.[157]

3.3.3 Instrumente

Die Ebene der Instrumente innerhalb der Marketingkonzeption entspricht dem Marketingmix. Dieser beantwortet die Frage, was eingesetzt werden muss, um die Marktziele zu erreichen. Hierbei geht es geht um die Wahl der „Beförderungsmittel".[158]

Der Marketingmix ist eine zielorientierte und strategieadäquate Kombination der Marketinginstrumente. Die Instrumente entsprechen weitgehend der bekannten 4er Systematik:

- Produkt- und Programmpolitik
- Preis-, Kontrahierungs- beziehungsweise Entgelt- und Konditionenpolitik,
- Distributionspolitik und
- Kommunikationspolitik.[159]

[154] Vgl. Becker (2001), S. 180
[155] Vgl. Becker (2001), S. 238
[156] Vgl. Becker (2001), S. 301
[157] Vgl. Becker (2001), S. 372
[158] Vgl. Becker (2001), S. 4
[159] Vgl. Becker (2001), S. 487

Nachdem es sich bei der Arbeitnehmerüberlassung beziehungsweise Zeitarbeit um eine Dienstleistung handelt, ist die im Dienstleistungsmarketing etablierte Erweiterung um die

- Personalpolitik,
- Ausstattungspolitik und
- Prozesspolitik

sinnvoll.

An dieser Stelle lohnt es sich nicht ins Detail der verschiedenen Instrumente zu gehen, zumal diese bereits unter Punkt 3.2.2 im Überblick vorgestellt wurden. Eine nähere Betrachtung der Instrumente soll im folgenden Abschnitt konkret bezogen auf die Dienstleistung Zeitarbeit von großen Zeitarbeitsfirmen erfolgen.
Wichtig ist, dass eine integrierte Konzeption entsteht, die von der Spitze her mit den Marketingzielen über die Strategien bis hin zu den Instrumenten, mit denen die Ziele und Strategien umgesetzt werden sollen, abgeleitet wird.

3.4 Kategorien und Bestandteile einer theoriegeleiteten Marketingkonzeption für große Zeitarbeitsfirmen

Die im vorherigen Abschnitt beschriebene Systematik von Becker mit Marketingzielen, daraus abgeleiteten Strategien und der Auswahl geeigneter Instrumente zu deren Umsetzung soll nun auf das Marketing von großen Zeitarbeitsfirmen angewandt werden. Wichtig ist dabei die konsequente Verbindung der Dienstleistung Zeitarbeit und einer Marketingkonzeption für deren Anbieter. Die Marketingkonzeption soll auch nur Bestandteile enthalten, die aus für diesen Themenbereich relevanten Theorien der neuen Institutionenökonomie und des Dienstleistungsmarketing abgeleitet werden konnten.

3.4.1 Ziele

Zeitarbeitsfirmen haben als professionelle Dienstleister eine ganze Reihe an möglichen Zielsetzungen. Dabei sollen aber nicht die allgemeinen Unternehmensziele, wie zum Beispiel Rentabilität oder finanzielles Gleichgewicht, an dieser Stelle vertieft werden, da diese Zielsetzungen allen privatwirtschaftlichen Betrieben gemeinsam sind und das vielleicht wichtigste Ziel dieser Arbeit die Entwicklung einer Marketingkonzeption für große Zeitarbeitsfirmen ist. Bei diesen Anbietern können aufgrund ihrer Größe ein entsprechendes Know-how und auch die notwendigen Ressourcen für professionelles Marketing und Vertrieb erwartet werden.

An dieser Stelle werden nur Marketingziele im engeren Sinne herausgearbeitet, die in ihrer Wirkung sicher auch der Erfüllung möglicher übergeordneter, allgemeiner Ziele dienen. In Anlehnung an Becker sind folgende Marketingziele für eine große Zeitarbeitsfirma relevant:[160]

- **Marktanteilsziele**

  Eine große Zeitarbeitsfirma muss nach einem nennenswerten Marktanteil in den von ihr bearbeiteten Marktsegmenten streben, um Größenvorteile zu nutzen und ihren Bestand zu sichern.

- **Distributionsziele**

  Ein großes, deutschlandweites Netz an Niederlassungen unterstützt die Vermarktung der Dienstleistung Zeitarbeit vor Ort, da diese Kundennähe bei Dienstleistungen besonders wichtig ist.

- **Preispositionierungsziel**

  Große Zeitarbeitsfirmen fahren eine Markenstrategie und wollen sich gegenüber kleineren Wettbewerbern vor allem über eine höhere Qualität positionieren. Die Preispolitik ist deshalb eher im oberen Preissegment angesiedelt.

- **Imageziele**

  Für die großen Anbieter von Zeitarbeit ist eine weitere Verbesserung des früher eher schlechten Branchenimages wichtig. Ein positives Image erleichtert die Gewinnung von qualifizierten Zeitarbeitnehmern, das weitere Wachstum bei den Unternehmenskunden und die Akzeptanz in der Gesellschaft.

- **Bekanntheitsziele**

  Ein hoher Bekanntheitsgrad ist für große Zeitarbeitsfirmen sehr wichtig, da diese von bisherigen „Nichtnutzern" der Zeitarbeit häufig per Telefon einen sehr kurzfristig Auftrag erhalten.

- **Kundenzufriedenheitsziele**

  Die Dienstleistung der Zeitarbeit ist ein „Dauerschuldverhältnis" und lebt von „Wiederholungskäufen". Deshalb ist es sehr wichtig, dass die Kunden mit der Qualität und dem Service einer großen Zeitarbeitsfirma zufrieden sind.

- **Kundenbindungsziele**

  Eine langfristige Geschäftsbeziehung ist für Zeitarbeitsfirmen besonders erstre-

[160] Vgl. Becker (2001), S. 65 ff.

benswert und rentabel. Die Anbieter sind auf Folgeaufträge angewiesen. Auch ein weiterer Ausbau des Geschäftes (Erhöhung des Anteils von Zeitarbeitnehmern am Gesamtpersonal von großen Entleihbetrieben oder die Besetzung von höher qualifizierten Positionen mit Zeitarbeitnehmern) ist meist nur bei Kunden möglich, zu denen schon gute Geschäftsbeziehungen bestehen.

- **Mitarbeiterziele**

  Das „Kapital" einer Zeitarbeitsfirma sind ihre internen und überbetrieblichen Mitarbeiter. Deren kontinuierliche Optimierung im Hinblick auf Qualifikation, Motivation und Kostenstruktur ist ein Dauerthema gerade für die großen Anbieter.

In einer konkreten Zeitarbeitsfirma X müssten diese allgemeinen Marketingzielsetzungen noch im Hinblick auf Zielausmaß und Zielperiode operationalisiert werden, was bei einer fiktiven Konzeption für große Zeitarbeitsfirmen nicht sinnvoll ist.

3.4.2 Strategien

Die Strategien geben eine Route zu den Marktzielen von großen Zeitarbeitsfirmen vor.[161]

Jedem der vorstehend aufgeführten Ziele lässt sich eine bestimmte Strategie oder an späterer Stelle zumindest ein Instrument beziehungsweise eine „Politik" zuordnen.

In einer engen Beziehung zu den *Marktanteilszielen* einer großen Zeitarbeitsfirma stehen die *Marktfeldstrategien*, die die Frage beantworten, ob ein Unternehmen mit vorhandenen oder neuen Produkten auf gegenwärtigen oder neuen Märkten präsent sein möchte.[162] Dabei zielen große Zeitarbeitsfirmen mit der „natürlichsten" Strategierichtung der *Marktdurchdringung/-penetration* auf einen höheren Marktanteil ihrer etablierten Dienstleistung Arbeitnehmerüberlassung auf gegenwärtigen Märkten.[163] Sie unternehmen aber auch den Versuch von *Marktentwicklungsstrategien*, um mit ihren bewährten Dienstleistungen auf neuen Märkten, wie zum Beispiel dem Krankenhaussektor, Fuß zu fassen.[164] Auf den gegenwärtigen Märkten werden auch neue Dienstleistungen – also *Produktentwicklungsstrategien* – wie zum Beispiel das On-Site-Management (der Disponent der Zeitarbeitsfirma sitzt im Entleihbetrieb und nimmt einen Teil des Direktionsrechtes für den Entleihbetrieb wahr) entwickelt, die häufig erst

---

[161] Vgl. Becker (2001), S. 4
[162] Vgl. Becker (2001), S. 148
[163] Vgl. Becker (2001), S. 149
[164] Vgl. Randstad (2004), S. 2

durch eine Deregulierung des Arbeitnehmerüberlassungsgesetzes möglich wurden (durch die Option des unbefristeten Personaleinsatzes in Entleihbetrieben).[165] Gerade große Zeitarbeitsfirmen haben in den vergangenen Jahren auch neues Terrain mit neuen Produkten erschlossen, um mit einer *Diversifikationsstrategie* ihr Risiko auf mehrere Standbeine zu verteilen. So bieten einzelne Anbieter den Unternehmen das Outsourcing von Betriebsteilen an und betrieben beispielsweise Call-Center und Customer-Care-Center in eigener Regie.[166] Gerade die Diversifizierungsstrategien sollen in dieser Arbeit aber nicht vorgestellt werden, da sich die Marketingkonzeption auf die gegenwärtige und weiterzuentwickelnde Dienstleistung Zeitarbeit bezieht und bereits in Kapitel 2.1.2 zu anderen Personaldienstleistungen abgegrenzt wurde.

Die *Marktparzellierungsstrategie* beantwortet die Frage, ob die Zeitarbeitsfirma relativ undifferenziert einen Massenmarkt mit einer einheitlichen Dienstleistung bedienen sollte oder ob eine Marktsegmentierung sinnvoller ist. Die potentiellen Kunden der Zeitarbeitsfirmen sind in erster Linie nach Branche/Wirtschaftszweig, aber auch nach Unternehmensgröße und regionalem Standort so verschieden, dass eine Marktsegmentierung eine bessere Marktbearbeitung ermöglicht und verschiedene Marktsegmente/Zielgruppen differenzierter und besser angesprochen werden können.

In eine ähnliche Richtung geht die Typologie von Porters Wettbewerbsstrategien. Große Zeitarbeitsfirmen versuchen durch eine Spartenorganisation trotz ihrer Unternehmensgröße eine *Wettbewerbsstrategie der Differenzierung* zu betreiben, um bestimmten Branchen, wie zum Beispiel Office & Finance oder Automobile, spezifische Angebote unterbreiten zu können. Die Strategie der Spezialisierung wird dabei nur scheinbar verfolgt. Wer zu den Großen zählen will, kann sich nicht nur auf Nischen beschränken.

Aus den *Distributionszielen* kann die *Marktarealstrategie* abgeleitet werden. Obwohl große Zeitarbeitsfirmen zum Teil zu internationalen Konzernen gehören, macht nur eine nationale Strategie (Domestic Marketing) Sinn, da unter anderem wegen der unterschiedlichen nationalen Regulierung der Arbeitnehmerüberlassung internationale Strategien nicht Erfolg versprechend sind.

Das *Preispositionierungsziel* kann mit der Entscheidung für eine bestimmte *Marktstimulierungsstrategie* verknüpft werden. Große Zeitarbeitsfirmen versuchen sich im Wettbewerb untereinander, aber auch mit den zahllosen kleinen Wettbewerbern durch eine besondere Betonung der Qualität und der besseren Qualifikation ihrer Zeitarbeitnehmer zu profilieren. Diese Anstrengungen verlangen nach einer Präferenz- bezie-

---

[165] Vgl. Böhm (2005), S. 554

hungsweise Hochpreispolitik. Niedrigpreise oder ein besonders günstiges Preis-Leistungs-Verhältnis wird man im Einzelfall eher bei mittleren bis kleineren Wettbewerbern finden. *Porters_Strategie der Kostenführerschaft* schließt dies aber nicht vollkommen aus. Große Zeitarbeitsfirmen können innerhalb ihres überschaubaren Kreises (dazu zählen circa 10 Unternehmen in Deutschland[167]) durchaus nach Kostenführerschaft streben, würden daraus aber keine Niedrigpreise gegenüber Kunden ableiten.

Die *Imageziele* von großen Zeitarbeitsfirmen sind für deren Geschäft zweifellos sehr wichtig. Zu deren Erreichung gibt es aber keine ausgefeilte eigene Strategie. Verschiedene Instrumente beziehungsweise Maßnahmen der *Ausstattungs- und Kommunikationspolitik* stellen eine stete Arbeit an einer Imageverbesserung sicher.

Ebenso verhält es sich mit dem *Ziel eines* möglichst *hohen Bekanntheitsgrades* unter potentiellen Unternehmenskunden. Auch hier gewährleisten Niederlassungen vor Ort und Maßnahmen der *Kommunikationspolitik* einen hohen Bekanntheitsgrad.

Das Ziel einer möglichst hohen *Kundenzufriedenheit* wird durch *Programm-/Leistungspolitik* mit hoher Qualität, Serviceorientierung des Personals (*Personalpolitik*) und einem *Beschwerdemanagement* erreicht.

Strategien zur Erreichung einer möglichst hohen *Kundenbindung* (vor allem von „wertvollen" Kunden), wie zum Beispiel das *Customer Relationship Management,* haben auch für große Zeitarbeitsfirmen eine hohe Bedeutung. Es bietet sich an, die Möglichkeiten einer *Prozesspolitik* zu nutzen, um kontinuierlichen Kundenkontakt, schnelle Reaktionszeiten und eine einfache und unkomplizierte Einschaltung durch Kunden sicherzustellen.

Mitarbeiterziele sind für einen Dienstleister, der von der Qualifikation und Motivation seiner Mitarbeiter lebt, besonders wichtig. Die *Personalpolitik* als eigenes Instrumentarium des Dienstleistungsmarketing stellt sicher, dass diesem wichtigen „Produktionsfaktor" bei Dienstleistungen die notwendige Aufmerksamkeit geschenkt wird.

3.4.3 Instrumente

Die Instrumente innerhalb der Marketingkonzeption stellen die „Beförderungsmittel" zur Erreichung der Marketingziele dar, nachdem die Strategien die „Route" vorgegeben haben.[168]

---

[166] Vgl. Schönfeld (2003), S. 12
[167] siehe auch Kapitel 2.6.2
[168] Vgl. Becker (2001), S. 4

Die wichtigsten Marketinginstrumente von großen Zeitarbeitsfirmen sind die Produkt- beziehungsweise Leistungspolitik, die Preispolitik, die Kommunikationspolitik, die Distributionspolitik und unter Beachtung der Besonderheiten von Dienstleistungen auch die Personal- und Prozesspolitik. Die Ausstattungspolitik verdient an dieser Stelle keiner eigenen Erwähnung beziehungsweise Untergliederung, da zum Beispiel der Imagetransfer durch besonders repräsentative Gebäude und deren Ausstattung für Zeitarbeitsfirmen nicht angebracht ist. Das würde bei den Kunden nur Zweifel hinsichtlich des Preisniveaus und der Gewinnspannen auslösen. Außerdem wird ein Großteil des Geschäfts am Telefon abgewickelt. Imageziele können große Zeitarbeitsfirmen vor allem durch Maßnahmen der Kommunikationspolitik und die Arbeit ihrer Branchenverbände erreichen. Das Kapazitätsmanagement und die Erreichbarkeit stellen die Zeitarbeitsdienstleister im Rahmen der Personalpolitik sicher.
Die an dieser Stelle vorgeschlagenen Maßnahmen innerhalb der verschiedenen Instrumente beziehungsweise „Politikfelder" sind direkt aus den Theorien der neuen Institutionenökonomie und den Erkenntnissen des Dienstleistungsmarketing, das vor allem die Besonderheiten von Dienstleistungen gegenüber von Sachgütern berücksichtigt, abgeleitet.

3.4.3.1 Leistungspolitik

Die Leistungspolitik von großen Zeitarbeitsfirmen besteht aus der Kernleistung Zeitarbeit. Diese wird zum einen von der eigentlichen *Vermittlung einer geeigneten Arbeitskraft* beeinflusst, also der Arbeit des Disponenten der Zeitarbeitsfirma. Aus der Transaktionskostentheorie konnte abgeleitet werden, dass eine schnelle Reaktion des Disponenten wichtig für die Zufriedenheit des Kunden und dessen Qualitätswahrnehmung ist. Man könnte aber auch die überlassene Arbeitskraft, den *Zeitarbeitnehmer, als Kern der Dienstleistung* betrachten. Es ist von hoher Bedeutung eine ausreichend große Datei mit geeigneten Bewerbern aufzubauen und über einen ausreichend großen Pool von Helfern und Fachkräften mit verschiedenen Qualifikationen zu verfügen, um einen Arbeitnehmerüberlassungsauftrag schnell und zufrieden stellend erfüllen zu können.
Gleichzeitig wird versucht das Unternehmen und dessen Namen als *Marke* zu positionieren[169] (zum Beispiel „DIS AG – Viel mehr als Zeitarbeit"[170] oder Randstad hat mit

[169] Vgl. Meffert/Bruhn (2003), S. 396
[170] Vgl. DIS AG (2005), unter anderem Deckblatt des Geschäftsberichts 2004

„Yacht" eine Zweitmarke für das Interimmanagement von Führungskräften geschaffen[171]).

Die Unsicherheit eines Kunden gegenüber der Dienstleistung Zeitarbeit kann durch eine bewusste *Gestaltung des Arbeitnehmerüberlassungsvertrages* zwischen Zeitarbeitsfirma und Entleihbetrieb reduziert werden. Dabei ist die Vertragsfreiheit zwischen beiden Beteiligten rechtlich nur wenig eingeschränkt. Die meisten Bestimmungen des AÜG dienen dem Schutz des Zeitarbeitnehmers und betreffen daher dessen Arbeitsvertrag mit der Zeitarbeitsfirma. Der Arbeitnehmerüberlassungsvertrag kann von vornherein auf eine bestimmte – auch kurze – Zeitdauer abgeschlossen werden. Zusätzlich ist er mit einer Frist von meistens zwei Wochen kündbar.[172] Außerdem enthält er für den Entleihbetrieb ein „Umtauschrecht" bei Qualifikationsmängeln des Zeitarbeitnehmers. Die Zeitarbeitsfirma ist darüber hinaus verpflichtet, bei Urlaub oder Krankheit des Zeitarbeitnehmers, eine Ersatzkraft zu stellen.

Bei einer meist jahreszeitlich oder auftragsbedingt geringen Auslastung der Zeitarbeitsfirma (Folge der *fehlenden Lagerfähigkeit von Dienstleistungen*) kann diese ihre Arbeitskräfte an interessierte Entleihbetriebe zur Probe überlassen, um vor allem neue Kunden davon zu überzeugen, dass man bei der Nutzung von Zeitarbeit auf geeignete und qualifizierte Arbeitskräfte vertrauen kann.

Der Entleihbetrieb und die Zeitarbeitsfirma teilen sich die *Verfügungsrechte* über den Zeitarbeitnehmer, wobei das Hauptrisiko beim Verleiher bleibt und der Entleihbetrieb die Arbeitskraft nutzt und daraus Gewinn zieht und einen festgelegten Stundenverrechnungssatz für diese Dienstleistung zahlt.

Kotler und Bliemel haben auf das Risiko von *Qualitätsschwankungen* hingewiesen, da die Dienstleistung maßgeblich durch die Tatsache beeinflusst wird, wer sie wann, wo und an wem erbringt.[173] Die Zeitarbeitsfirma muss deshalb besonders darauf achten, wen sie einstellt, wie sie dessen Qualität regelmäßig prüft und wie sie ihre Mitarbeiter weiterentwickeln kann. Gerade große Zeitarbeitsfirmen sollten hier Vorteile besitzen. Bei ihnen kann man ausgefeilte und erprobte Konzepte der Personalauswahl für die Zeitarbeitnehmer und entsprechende EDV-Programme erwarten. Die Schulung des internen Personals zählt zur Personalpolitik und wird später unter diesem Gliederungspunkt vorgestellt.

---

[171] Vgl. Randstad (2005), Geschäftsbericht 2004

[172] Vgl. o.V. (2005b), Schwantes (2000), S. 114 ff.

[173] Vgl. Kotler/Bliemel (2001), S. 777

Zur *Qualitätssicherung* können Besuche des Disponenten am Arbeitsplatz des Zeitarbeitnehmers im Entleihbetrieb und Kundenbefragungen beitragen. Eines organisatorisch von den Niederlassungen getrennten *Beschwerdemanagements* bedarf es bei Zeitarbeitsfirmen nicht, da der Disponent im regelmäßigen Kontakt mit allen Kunden steht und Kundenbeanstandungen, zum Beispiel durch den Austausch des Zeitarbeitnehmers, umgehend abgeholfen werden kann.

Zu den Besonderheiten von Dienstleistungen zählt auch die *Einbeziehung des externen Faktors*. Für die Zeitarbeit gilt, dass diese Dienstleistung im Entleihbetrieb erbracht wird und der Zeitarbeitnehmer sich dort in einer fremden Arbeitsumgebung befindet, wo er sich in eine Arbeitsorganisation eingliedern muss. Dies verlangt von ihm eine besondere Flexibilität und Anpassungsfähigkeit.[174]

Einige große Zeitarbeitsfirmen bieten auch *HR-Beratung* an. Wenn man diese Dienstleistung nicht auf die Personalberatung von Führungskräften reduziert, könnte potentiellen Entleihbetrieben auch eine umfassende Beratung zu effizientem Personaleinsatz und dem Aufbau von zweiten Belegschaften[175] durch Zeitarbeit angeboten werden. Die Beratung kann als Türöffner für zukünftige Geschäftsbeziehungen (cross- oder upselling) mit der Kerndienstleistung Zeitarbeit dienen, indem im Entleihbetrieb mögliche Einsatzfelder für Zeitarbeitnehmer identifiziert werden. Dabei sollte der Schwerpunkt auf besonders qualifizierte Aufgabenfelder gelegt werden, da auch dort Zeitarbeit möglich ist und diese aus ihrer in Deutschland immer noch zu starken Beschränkung auf den Helfermarkt befreit werden muss.

3.4.3.2 Preispolitik

Bei der Betrachtung der Transaktionskostentheorie ist deutlich geworden, dass bei einer zeitlich befristeten Nutzung einer Arbeitskraft durch einen Betrieb die Zeitarbeit günstiger ist als die Neueinstellung von eigenem Personal. Das liegt daran, dass wesentliche Einmalkosten für eine Personaleinstellung, wie unter anderem der Personalauswahl und gegebenenfalls auch der Personalfreisetzung (zum Beispiel Kündigung oder Arbeitsrechtsstreitigkeiten), bei der Arbeitnehmerüberlassung nicht anfallen. Dieser Transaktionskostenvorteil ist eine wesentliche Grundlage für das Geschäftsmodell der Zeitarbeit.

---

[174] Vgl. Wittwer/Münchhausen (2001), S. 66
[175] Vgl. Böhm (2005), S. 556 ff.

Die Zeitarbeitsfirmen müssen diesen Vorteil durch eine einfache und *transparente Preispolitik* deutlich machen. Sie tun dies durch einen Stundenverrechnungssatz, mit dem alle Kosten der Arbeitnehmerüberlassung abgedeckt sind.

Es stellt sich nun die Frage, welches Preisniveau dieser Stundenverrechnungssatz bei großen Zeitarbeitsfirmen haben darf. Die Firmen könnten bei ihrer *Preiskalkulation* von ihren Kosten ausgehen und einen angemessenen Gewinn einkalkulieren.[176] Dabei ist wichtig, dass für die potentiellen Entleihbetriebe noch ein Transaktionskostenvorteil, bezogen auf eine Entleihdauer von einigen Monaten, verbleibt. Zusätzlich ist der Preisspielraum umso größer, je höher das Tarifniveau der Entleihbetriebe über dem Tarifniveau der Branchentarifverträge für Zeitarbeit liegt. Dies erklärt sicher auch teilweise, warum Automobilindustrie, Maschinenbau und chemische Industrie – alles Branchen mit einem sehr hohen Tarifniveau - besonders häufig Zeitarbeit, auch mit unbefristeten Arbeitnehmerüberlassungsverträgen, nutzen. Dabei darf eine große Zeitarbeitsfirma aber auch das Preisniveau ihrer Wettbewerber nicht aus den Augen verlieren.[177] Eine starke eigene Marke und das Vertrauen der Kunden in eine überlegene Qualität (also Qualifikation der Zeitarbeitnehmer) rechtfertigt nur geringfügig höhere Preise als die der vergleichbaren Wettbewerber. Das Preisniveau von großen Zeitarbeitsfirmen darf aber sicherlich über dem von kleinen Wettbewerbern liegen. Diesen Unterschied erwarten die Kunden wahrscheinlich sogar, da vor einer Transaktion der *Preis auch als Indikator für die Qualität einer Dienstleistung* herangezogen wird. Anbieter wie die DIS AG, die gelegentlich als Mercedes der Branche bezeichnet werden, könnten ihr Image mit Niedrigpreisen gefährden.[178]

Gleichzeitig macht das Gebrauchtwagenbeispiel von Akerlof deutlich, dass die Kunden bei Qualitäts- beziehungsweise Informationsunsicherheit im Allgemeinen nur bereit sind, durchschnittliche Preise zu zahlen.

Das *Preissystem* in Abhängigkeit vom Qualifikationsniveau der Zeitarbeitnehmer unterscheidet sich bei großen und kleinen Zeitarbeitsfirmen kaum. Ausgangspunkt für die unterschiedliche Höhe der Stundenverrechnungssätze ist die Qualifikation des Zeitarbeitnehmers. Ein Akademiker – zum Beispiel Ingenieur oder Betriebswirt – ist mehr als doppelt so teuer als ein Helfer ohne besondere Berufserfahrung. Bei Fachkräften sind höhere Margen durchsetzbar als bei Helfern.[179]

---

[176] Vgl. Meffert/Bruhn (2003), S. 525
[177] Vgl. Meffert/Bruhn (2003), S. 526
[178] Vgl. Böhmer (2004), S. 49
[179] Vgl. Kuntz (2003), S. 50

Das *Internet* als neues Medium verstärkt die Markttransparenz. Große Nachfrager benutzen ihre Marktmacht, um mit Preisauktionen im Internet den Verrechnungspreis pro Stunde zusätzlich zu „drücken".[180] Für Zeitarbeitsfirmen besteht die Gefahr, dass die Entscheidungskriterien alleine auf den Preis reduziert werden und zum Beispiel eine bessere Qualifikation und höherer Service dem Kunden nicht zu vermitteln sind.

3.4.3.3 Kommunikationspolitik

Bei der Zeitarbeit handelt es sich um eine *erklärungsbedürftige Dienstleistung.*[181] Die Vorteile, die bei den Transaktionskosten und durch die Teilung der Verfügungsrechte über den Zeitarbeitnehmer entstehen, müssen den potentiellen Entleihbetrieben bekannt gemacht werden. Dadurch wird auch die Informationsasymmetrie zwischen Verleiher und Entleihbetrieb und dessen Unsicherheit hinsichtlich der Qualität der Dienstleistung reduziert. Die Immaterialität der Dienstleistung bietet es an, im Rahmen der Kommunikationspolitik Mitarbeiter der Zeitarbeitsfirma (Disponenten oder Zeitarbeitnehmer) in den Mittelpunkt zu stellen. Indirekt ist nach der Auftragserteilung jeder Mitarbeiter eines Unternehmens mit Kundenkontakt ohnehin (unweigerlich) Botschafter beziehungsweise Träger eines Teils der Kommunikationspolitik. Für Dienstleistungsanbieter ist es wichtig, potentielle Kunden von ihrer Leistungsfähigkeit zu überzeugen. Der Kunde muss den Eindruck haben, dass die Dienstleistung fast schon fertig ist und umgehend „ausgeliefert" werden kann – ohne großes Qualitätsrisiko.

Ein positives Image hilft allen Zeitarbeitsfirmen bei ihrem Geschäft: Arbeitnehmer (vor allem zuvor arbeitslose) sind bei einem positiven Image der Zeitarbeit (zum Beispiel als „Brücke" in den regulären Arbeitsmarkt) gerne bereit als Zeitarbeitnehmer tätig zu werden. Die Unternehmen erkennen die Vorteile von Zeitarbeit und ihre Bereitschaft diese Dienstleistung zu nutzen steigt. Auch ein *positives Image* in der Gesellschaft und Politik ist für die Zeitarbeitsbranche von großer Bedeutung. Die Rahmenbedingungen werden wie in nur wenigen anderen Branchen vom Gesetzgeber durch das Arbeitnehmerüberlassungsgesetz vorgegeben. Das verbesserte Image der vergangenen Jahre war die Grundlage für eine lange Folge von Deregulierungen.

Dass die Kommunikationspolitik als „Sprachrohr des Marketing"[182] gerade für große Zeitarbeitsfirmen aufgrund der Besonderheiten von Dienstleistungen und wegen der

[180] Vgl. Böhmer (2004), S. 49 f.
[181] Vgl. Watzka (2000a), S. 46
[182] Vgl. Becker (2001), S. 565

Erkenntnisse der neuen Institutionenökonomie eine bedeutende Rolle spielt, ist aus den oben genannten Gründen klar geworden. Doch mit welchen Maßnahmen beziehungsweise Medien soll die Kommunikationspolitik agieren?
Ein Ziel der Kommunikationspolitik ist sicher die *Neukundenwerbung*. Diese wird von großen Zeitarbeitsfirmen mit verschiedenen Mitteln der Direktkommunikation betrieben. Dazu zählen Mailings oder Telefonmarketingaktivitäten als Vorbereitung für einen Betriebsbesuch eines Vertriebsdisponenten der örtlichen Niederlassung. Besonders gut gelingt die Neukundenwerbung in Branchen, in denen schon erfolgreiche Projekte mit Pilotkunden bestehen. Nach Möglichkeit sollten diese Erfolge in Form von Fallstudien oder unter Benennung von Referenzkunden an andere Unternehmen mit vergleichbaren Personalanforderungen kommuniziert werden. Auch eine Beteiligung bei Branchenmessen und Ausstellungen mit Vorträgen und Workshops kann zu einem Informationsaustausch zwischen Nutzern und Nichtnutzern der Zeitarbeit anregen. Die Mund-zu-Mund-Propaganda von zufriedenen Kunden ist die beste und glaubwürdigste Werbung.
Zur *Bestandskundenpflege* wird vor allem auf die persönliche Kommunikation durch die örtlichen Vertriebsdisponenten gesetzt.
Klassische Werbung in „Massenmedien“ wie Tageszeitungen oder mit Fernsehwerbespots sind wegen der hohen Streuverluste auch für große Zeitarbeitsfirmen ungeeignet. Besser sind Anzeigen in Fachzeitschriften, wie zum Beispiel dem Magazin der regionalen Industrie- und Handelskammer oder der Handwerkskammer, da damit die Zielgruppe genauer eingegrenzt werden kann und der Bekanntheitsgrad – auch der örtlichen Niederlassung – gesteigert wird.
Die *Unternehmenshomepage* gewinnt für große Zeitarbeitsfirmen als modernes Kommunikationsmedium ständig an Bedeutung. Sie versucht die Leistungsfähigkeit des Unternehmens zu belegen, das Image positiv zu beeinflussen und bietet potentiellen Kunden die Möglichkeit Kontakt über elektronische Anfrageformulare aufzunehmen.
Die *Öffentlichkeitsarbeit und Medienkooperationen* eignen sich gerade für große Zeitarbeitsfirmen, um ihren Bekanntheitsgrad weiter zu steigern und das Image positiv zu beeinflussen.[183] Dazu trägt auch die Arbeit der Branchenverbände bei.

3.4.3.4 Distributionspolitik

Die Distributionspolitik schafft die Voraussetzungen für die Übermittlung der Dienstleistungen an den Kunden.[184]

---
[183] Vgl. Timm (2004), S. 15 ff.

Aus der neuen Institutionenökonomie und dem Dienstleistungsmarketing konnte für die Distributionspolitik von großen Zeitarbeitsfirmen abgeleitet werden, dass die Inanspruchnahme dieser Dienstleistung ohne große Hürden möglich sein muss. Das Motto dazu lautet „ein Anruf genügt". Wichtig ist auch ein großes Netz an Niederlassungen vor Ort in ganz Deutschland. Gerade große Entleihunternehmen wie Automobilhersteller, deren Zulieferer und sonstige Industriebetriebe möchten bundesweit mit nur wenigen Zeitarbeitsfirmen zusammenarbeiten und erwarten deshalb, dass an allen ihren Unternehmensstandorten in Deutschland eine Niederlassung des Geschäftspartners/der Zeitarbeitsfirma in der Nähe ist. Diese Nähe gewährleistet eine optimale Integration des externen Faktors in den Dienstleistungsprozess. Die Leistung wird vor Ort beim Nachfrager[185] – im Entleihbetrieb – erbracht. Auch der „Transport" der Dienstleistung in den Entleihbetrieb spielt eine Rolle. Nachdem die Niederlassungen meistens Zeitarbeitnehmer aus der Region einstellen, ist auch sichergestellt, dass diese ohne zu lange Anfahrtswege an ihren Arbeitsplatz im Entleihbetrieb kommen. Nachdem die Dienstleistung beim Kunden erbracht wird und der Kontakt vor der Auftragserteilung meistens telefonisch stattfindet, sind besonders repräsentative Räumlichkeiten für Zeitarbeitsfirmen nicht angebracht. Eine zentrale Lage bei moderaten Raumkosten wäre eine ideale Kombination.

Der Verkauf von Dienstleistungen erfolgt meist auf dem Weg der „direkten Distribution" mit eigenem Personal, ohne dass zusätzlich zum Beispiel Absatzmittler eingesetzt werden.[186] Dieses Verkaufspersonal – die Vertriebsdisponenten – müssen in der Niederlassung möglichst lange Öffnungszeiten sicherstellen, um für ihre Kunden erreichbar zu sein.

Gerade große Zeitarbeitsfirmen haben zentrale Organisationseinheiten, die großen Kunden ihre Dienstleistungen mit Rahmenverträgen anbieten. Diese großen Kunden werden als Key Accounts bezeichnet. Die Schlüsselkunden sind diejenigen, die zu verlieren sich das Unternehmen nicht leisten kann oder die das Potential haben diese Bedeutung zu erlangen.[187] In diesem Zusammenhang macht deshalb ein *Key-Account-Management* als spezielle Form der Kundenbearbeitung und unabhängige Organisationsform im Vertrieb Sinn.[188] Der Großkundenbetreuer hat mit den verschiedenen regionalen Niederlassungen nur noch Kontakt, da von dort das Personal für die Groß-

---

[184] Vgl. Meffert/Bruhn (2003), S. 550
[185] Vgl. Meffert/Bruhn (2003), S. 572
[186] Vgl. Meffert/Bruhn (2003), S. 555 ff.
[187] Vgl. Winkelmann (2003), S. 433
[188] Vgl. Dannenberg (2002), S. 576

kunden, wie zum Beispiel Automobilhersteller, kommt. Diese Großkunden der Zeitarbeit sorgen für eine relativ ungleiche regionale Verteilung von Zeitarbeitnehmern als Anteil an der gesamten sozialversicherungspflichtigen Beschäftigung. Das stärkste Wachstum der Zeitarbeit in Deutschland wies in den letzten Jahren die Arbeitsmarktregion Regensburg auf. Dort sind vor allem wegen großer Betriebe wie BMW und Siemens mittlerweile 3,6% der sozialversicherungspflichtigen Beschäftigten Zeitarbeitnehmer (Bundesdurchschnitt 1,5%).[189]

3.4.3.5 Personalpolitik

Die Personalpolitik eines Dienstleisters umfasst sämtliche Entscheidungen, die mit der Einstellung von Mitarbeitern, dem Arbeitsplatz und -umfeld, der Entwicklung der Mitarbeiter, der Kommunikation mit und zwischen den Mitarbeitern und der Personalfreisetzung zu tun haben.[190] Die Personalpolitik ist auch ein wesentlicher Bestandteil des internen Marketing, das die Mitarbeiter auf Unternehmens- und Marktziele einschwören soll.

Für Zeitarbeitsfirmen ist die *Unterscheidung in internes Personal und überbetriebliches Personal* (das an Kunden verliehen wird) charakteristisch. Deshalb werden unter der Rubrik Personalpolitik nur Maßnahmen und Inhalte aufgeführt, die das interne Personal betreffen. Die eigentlichen Zeitarbeitnehmer werden in dieser Arbeit der Leistungspolitik zugeordnet.

Aus dem Dienstleistungsmarketing konnten einige Herausforderungen für die Personalpolitik abgeleitet werden. Die Besonderheiten von Dienstleistungen machen es erforderlich, dass das interne Personal (in der Regel die Vertriebs- beziehungsweise Personaldisponenten) die Leistungsfähigkeit des Unternehmens verkörpert. Die Qualität ihrer Arbeit wird als Service des Unternehmens sehr stark von den Kunden wahrgenommen. Vielleicht sogar noch stärker als die eigentliche Dienstleistung, die von den überbetrieblichen Mitarbeitern im Entleihbetrieb erbracht wird. Das von Kotler und Bliemel als Qualitätsschwankung bezeichnete Merkmal von Dienstleistungen, nämlich dass deren Qualität vor allem davon abhängt, wer diese Dienstleistungen erbringt, verdeutlicht, wie wichtig die Personalpolitik für Dienstleister ist.

Zwischen der Mitarbeiterzufriedenheit und der Kundenzufriedenheit scheint ein enger Zusammenhang zu bestehen.[191] Deshalb ist es für den Arbeitgeber sinnvoll, die Bezah-

---

[189] Vgl. Jahn/Wolf (2005), S. 5
[190] Vgl. Meffert/Bruhn (2003), S. 577
[191] Vgl. Meffert/Bruhn (2003), S. 579

lung und die sonstigen Arbeitsbedingungen (Arbeitsinhalte, Arbeitszeit, Führung und Zusammenarbeit, Kommunikation, Personalentwicklung ...) so zu gestalten, dass diese den Bedürfnissen der Mitarbeiter möglichst nahe kommen.

Die *Leistungsfähigkeit* von Zeitarbeitsfirmen wird davon bestimmt, inwieweit sie qualifiziertes Personal für sich gewinnen können und dieses dann während der Beschäftigung systematisch weiterentwickeln. Zeitarbeitsfirmen suchen ihr internes Personal häufig über Zeitungsanzeigen, da diese gleichzeitig den Bekanntheitsgrad erhöhen und das Image positiv beeinflussen können. Als Auswahlinstrument bietet sich zum Beispiel das Assessmentcenter an, da dort in Rollenspielen oder Gruppendiskussionen die im Vertrieb wichtigen kommunikativen Fähigkeiten unter Beweis gestellt werden können.[192]

Ein bestimmtes Qualifikationsniveau scheint als Einstellungsvoraussetzung für das wichtigste Tätigkeitsprofil des Vertriebs- beziehungsweise Personaldisponenten nicht besonders wichtig zu sein. Ein deutliches Plus bei der Einstellung bedeutet es, wenn Bewerber über Erfahrung in wichtigen Entleihbranchen verfügen, da diese Branchenerfahrung dann für eine gemeinsame Sprache mit den Kunden sorgt. Höherwertige Dienstleistungen, wie die HR-Beratung oder jede Einsatzberatung eines Disponenten im Kundenunternehmen, verlangen mehr oder weniger stark ausgeprägte analytische Fähigkeiten, was für die Einstellung von Hochschulabsolventen sprechen würde.[193]

Große Zeitarbeitsfirmen können aus ihrer Unternehmensgröße Vorteile bei der Schulung des internen Personals ableiten. Bei ihnen ist eine hohe Professionalität und langjährige Erfahrung der Mitarbeiter, die für Personalentwicklung zuständig sind, zu erwarten. Die einzelnen Vertriebskonzepte oder Methoden der Personalauswahl sind zudem in verschiedenen Branchen und Regionen erprobt worden.

Die *Mitarbeiter sind die Botschafter der Firma* und können mit der im Business-to-Business-Geschäft so wichtigen persönlichen Kommunikation[194] durch ihre Fachkompetenz, Redegewandtheit und Glaubwürdigkeit das Image ihres Unternehmens bestimmen.

Große Zeitarbeitsfirmen versuchen ihre Mitarbeiter auf ihre *Unternehmenskultur* mit Teambesprechungen, Zielvereinbarungen und Führungskräftemeetings, teilweise auch durch Mitarbeiterzeitschriften, einzuschwören.[195]

---

[192] Vgl. Bröckermann (2002), S. 539 ff.

[193] Vgl. Ergebnisse des Experteninterviews unter Punkt 2.6.3

[194] Vgl. Winkelmann (2003), S. 32

3.4.3.6 Prozesspolitik

Um eine Exzellenz im Dienstleistungsmarketing zu erreichen, das zu einer Wettbewerbsüberlegenheit führt, sind die klassischen Marketingpolitikfelder um eine Prozesspolitik erweitert worden.[196]

Kotler schlägt vor, den Ablaufprozess einer Dienstleistung von der Auftragserteilung bis zum Abschluss in einem Ablaufdiagramm darzustellen, um den Ablauf und alle Schnittstellen zu identifizieren.[197] Das Marketing und der Vertrieb von großen Zeitarbeitsfirmen können einige Anregungen aus einer Prozessbetrachtung, wie sie Hammer und Champy mit dem Business Process Reengineering geprägt haben, gewinnen.[198]

So sollten die Prozesse durchgängig mit IT-Verfahren unterstützt und bei dieser Gelegenheit neu konstruiert werden. Die Zahl der Schnittstellen, an denen intern Informationen weitergegeben werden müssen, ist möglichst zu reduzieren. Eingeführt wird auch der „case worker" – das ist bei einer Zeitarbeitsfirma der Disponent – als einziger Ansprechpartner für einen Kunden, der alle Aktivitäten koordiniert. Im Sinne eines „empowerment" (der Delegation von Kompetenz an die ausführenden Stellen) muss der Disponent durch interne Schulungen in die Lage versetzt werden, seine Kunden eine komplexe Dienstleistung aus einer Hand anbieten zu können.

Gerade das Massengeschäft mit Großkunden kann, zum Beispiel durch die Informationsweitergabe über einen geschützten Bereich im Internet, möglichst einfach und kostengünstig sowohl für die Zeitarbeitsfirma als auch für deren Kunden gestaltet werden.

Transparente Prozesse und Arbeitsabläufe erleichtern die Steuerung und das Controlling auch von großen Zeitarbeitsfirmen, sie ermöglichen eine Kostenoptimierung und tragen durch in die Prozesse eingebaute Qualitätsstandards (zum Beispiel schriftliche Auftragsbestätigung, regelmäßiger telefonischer Kundenkontakt) zu einer höheren Kundenzufriedenheit und -bindung bei.

3.5 Zwischenfazit

Aus den verschiedenen Theorien der neuen Institutionenökonomie und des Dienstleistungsmarketing konnte die vorliegende idealtypische Marketingkonzeption entwickelt

---

[195] Vgl. Meffert/Bruhn (2003), S. 609
[196] Vgl. Bruhn/Meffert (2002), S. 19
[197] Vgl. Kotler/Bliemel (2001), S. 778
[198] Vgl. Hammer/Champy (1996), S. 72 ff.

werden. Dabei sind manche Punkte noch etwas abstrakt geblieben und eine weitere Untergliederung mit stärkerem Praxisbezug fehlt noch.
Die theoriegeleitete Konzeption sollte bereits zu ihrem aktuellen Entwicklungsstand konsequent und vollständig von allen großen Zeitarbeitsfirmen umgesetzt werden. Ob dies möglich ist und an welcher Stelle das Konzept noch ergänzt werden muss, soll ein Gespräch mit einer Expertin für das Marketing von großen Zeitarbeitsfirmen klären.

4 Bewertung der Marketingkonzeption durch eine Expertin

Im vorherigen Kapitel wurde aus den verschiedenen Theorien der neuen Institutionenökonomie und des Dienstleistungsmarketing eine Marketingkonzeption für große Zeitarbeitsfirmen abgeleitet. Theoriegestützte Konzeptionen müssen mit der Praxis in der Unternehmensrealität abgeglichen werden. Deshalb soll in diesem Abschnitt mit einer Expertin für das Marketing von großen Zeitarbeitsfirmen geklärt werden, ob die eigene Konzeption vollständig ist und umgesetzt werden könnte.

4.1 Ziel, Design und Durchführung

Das Marketing von Zeitarbeitsfirmen ist ein Themengebiet, das bislang noch wenig erforscht ist. Die umfangreiche Literaturrecherche zu diesem Thema erbrachte zahlreiche Studien, die sich mit der Arbeitssituation und den -bedingungen von Zeitarbeitnehmern beschäftigen.[199] Daneben gibt es einige quantitative, meist regional beschränkte Studien, die Kundenunternehmen von Zeitarbeitsfirmen nach deren Bedürfnissen und den Einflussfaktoren zur Nutzung von Zeitarbeit befragen.[200] Wierlemann hat 1995 in seiner Arbeit zum Vergleich von Zeitarbeit in der Bundesrepublik Deutschland und den Niederlanden am Rande auch einige Marketingmaßnahmen von Zeitarbeitsfirmen beschrieben.[201] Das Marketing dieser Dienstleister war aber nicht der Schwerpunkt seiner Arbeit. Zudem sind seitdem zehn Jahre mit einer geradezu stürmischen Entwicklung des Zeitarbeitsmarktes vergangen. Deshalb sollen die auf der neuen Institutionenökonomie und dem Dienstleistungsmarketing basierenden Überlegungen zu einer Marketingkonzeption empirisch überprüft und anschließend durch eine Zusammenführung von Theorie und empirischen Erkenntnissen weiterentwickelt werden (Integration von theoriegeleiteter Konzeption und empirischen Erkenntnissen in Kapitel 5).
Eine quantitative Erhebung ist wegen des unzureichenden Forschungsstandes zum Marketing von Zeitarbeitsfirmen nicht sinnvoll. Die Forschungsfragen für die meist schriftlichen Befragungen könnten aufgrund des jetzigen Kenntnisstandes nicht exakt formuliert werden und es bestünde die Gefahr, dass viele Dimensionen des komplexen Marketing von Zeitarbeitsfirmen im Dunkeln bleiben würden und die Forschungsfragen

[199] Vgl. unter anderem Bellmann (2004), Kvasnicka/Werwatz (2003), Jahn (2004)
[200] Vgl. unter anderem Mitlacher (2003), Promberger/Theuer (2004), Schenck (2002), Watzka (2000a), DIHK (2003)
[201] Vgl. Wierlemann (1995)

möglicherweise am Thema vorbeigehen.[202] Deshalb bietet es sich an, eine qualitative Forschungsmethode wie das leitfadengestützte Experteninterview zu verwenden.
Ein Leitfaden für die Gesprächsführung gibt eine Struktur des Interviews vor.[203] Dies ist vorteilhaft, da das Theoriekonzept in einer gewissen Reihenfolge (Ziele – Strategien – Instrumente) angesprochen werden sollte. Die gewählte offene Fragegestaltung lässt der Expertin noch genug Raum für ihre Antworten und versucht sie möglichst nicht in eine bestimmte Richtung zu beeinflussen (Gefahr, dass Fragen im Sinne einer „sozialen Erwünschtheit" beantwortet werden). Der Interviewer und Verfasser dieser Untersuchung konnte dabei auf eigene Berufserfahrung in der Personalvermittlung – einem benachbarten Marktsegment zur zeitlich befristeten Arbeitnehmerüberlassung – zurückgreifen. Zudem ging dem Experteninterview zum Marketing in dieser Firma ein Interview mit einer freiberuflichen Trainerin für Marketingaktivitäten voraus (s. Punkt 2.6.3). Im Rahmen eines anderen Studienprojektes wurde zu einem früheren Zeitpunkt bereits ein Experteninterview zu einem besonderen Arbeitszeitmodell in dieser großen Zeitarbeitsfirma geführt, wodurch die betrieblichen Rahmenbedingungen und die Personalpolitik eines großen Unternehmens zumindest teilweise bekannt waren.
Die gewählte qualitative Forschungsmethode bringt die Einschränkung mit sich, dass aus den Befragungsergebnissen keine allgemeingültigen, repräsentativen Aussagen oder Theorien abgeleitet werden können.[204] Dies wäre einer späteren qualitativen Untersuchung oder einer Ausweitung des Experteninterviews auf eine größere Zahl von Unternehmen vorbehalten.
Das Experteninterview dauerte eineinhalb Stunden und wurde bei einer großen Zeitarbeitsfirma (eine der „Big Five" in Deutschland) mit der verantwortlichen Managerin der Zentralabteilung Marketing geführt. Die Grundzüge der theoriegeleiteten Marketingkonzeption wurden mittels einer Präsentation vorgestellt und verbal erläutert. Die Expertin nahm sofort zu den einzelnen Zielsetzungen, Strategien und Instrumenten beziehungsweise Maßnahmen des Marketing-Mix Stellung und erläuterte, ob sie das Konzept für vollständig und in der Praxis umsetzbar hält. Sie griff zur näheren Darstellung oft auf konkrete Beispiele aus ihrer Berufserfahrung als Marketingmanagerin einer großen Zeitarbeitsfirma zurück.

[202] Vgl. Nienhüser/Becker (2000), S. 79 ff.
[203] Vgl. Atteslander (2000), S. 140 ff.
[204] Vgl. Nienhüser/Becker (2000), S. 80

4.2 Ergebnisse

Ziele der Marketingkonzeption

Die Expertin bestätigt die Annahme, dass große Zeitarbeitsfirmen über einen nennenswerten *Marktanteil* verfügen müssen. Das gewährleistet auch die Auslastung des deutschlandweiten Niederlassungsnetzes und ergänzt damit das Hauptziel der *Distribution*. Es war der Expertin sehr wichtig darauf hinzuweisen, dass eine große Zeitarbeitsfirma nur ein *Preisziel* im oberen Preissegment anstreben kann. Sie sieht aktuelle Überlegungen eines Wettbewerbers einen großen Branchenverband und dessen Tarifvertrag zu verlassen, sehr kritisch. Eine Discountpolitik hätte negative Auswirkungen auf die gesamte Branche und könnte auch die politischen Rahmenbedingungen verschlechtern. Ihre Erfahrung ist, dass die Kunden gerne bereit sind ein oder zwei Euro pro Einsatzstunde mehr zu zahlen, wenn dafür die Qualifikation der Zeitarbeitnehmer stimmt. Besonders wenn der Kunde eine spätere Übernahme des Mitarbeiters in Betracht zieht. An der *Verbesserung des Images* müssen große Zeitarbeitsfirmen permanent arbeiten. Ein positives Image ermöglicht die Gewinnung von neuen, besonders qualifizierten Mitarbeitern und erleichtert die Kundenakquisition. Vor allem die Neukundengewinnung wird durch einen möglichst *hohen Bekanntheitsgrad* unterstützt, da die potentiellen Kunden im Telefonbuch oder in den Gelben Seiten nach den bekannten Namen der Branche suchen. Die Expertin verdeutlichte, wie wichtig eine große Kundenzufriedenheit ist. Die Zeitarbeit lebt von „Wiederholungskäufen" – gerade der großen Kunden. Diese werden dem Anbieter oder insgesamt der Dienstleistung Zeitarbeit nur dann erneut einen Auftrag erteilen, wenn sie mit der Qualität und dem Service zufrieden waren. Daran schließt sich das Ziel der *Kundenbindung* an, das eine gewisse inhaltliche Nähe zur Kundenzufriedenheit aufweist. Die Expertin widersprach der Annahme, dass nur langfristige Geschäftsbeziehungen die Rentabilität steigern. Nach ihrer Erfahrung werden alle Aufträge so kalkuliert, dass sie rentabel sind. Der Aufwand des Disponenten ist bei Folgeaufträgen in der Regel nicht kleiner als bei der erstmaligen Beauftragung und damit für die Zeitarbeitsfirma nicht kostengünstiger. Sie konnte auch die These, dass Kunden häufig erst geringqualifizierte Zeitarbeitnehmer ausleihen und erst später, bei entsprechendem Vertrauen bereit sind, hochqualifizierte Arbeitnehmer auszuleihen, nicht bestätigen. Sie kennt aus der Praxis genügend Beispiele, wo für den ersten Arbeitnehmerüberlassungsauftrag sogar Juristen gesucht wurden. Dem *Mitarbeiterziel* der ständigen Optimierung von Qualifikation, Motivation und

Kostenstruktur des gesamten Personals stimmte sie ohne Einschränkung zu. Insgesamt hielt sie alle genannten Ziele für relevant und vollständig – ohne jede Ergänzung.

Strategien der Marketingkonzeption

Die Expertin stimmte der Strategie der *Marktdurchdringung/-penetration* innerhalb der Marktfeldstrategien zu. Ein höherer Marktanteil ist tatsächlich die „natürlichste Stossrichtung“ von Unternehmen. Sie beschrieb den Ablauf der Entwicklung von *Marktentwicklungsstrategien* in ihrem Unternehmen. Wenn die Marktforschung neue potentielle Märkte identifiziert, werden diese Wachstumsmärkte von speziellen Units auf einem regional abgegrenzten Testmarkt bearbeitet. Verläuft der „Pilotversuch“ positiv, wird die neue Strategie national oder sogar international übernommen. Gegenwärtig sieht sie keine neuen Wachstumsfelder. Verschiedene Wirtschaftszweige wie Aviation, Call-Center oder der Krankenhaussektor haben aus ihrer Sicht noch erhebliches Entwicklungspotential. Zeitarbeitsfirmen etablierten im Rahmen von *Produktentwicklungsstrategien* in den letzten Jahren auch neue Dienstleistungen. Das beste Beispiel ist dafür das „On-Site-Management“. Die Expertin bestätigte, dass große Zeitarbeitsfirmen eine Risikominimierung und Veränderung ihres herkömmlichen Geschäfts mit *Diversifikationsstrategien* schaffen können. Dazu bietet sich unter anderem das Outsourcing, die vollständige Übernahme betrieblicher Leistungen des Kundenunternehmens, an. Sie schränkte allerdings ein, dass man wissen muss, was noch zu den eigentlichen Kompetenzen von Zeitarbeitsfirmen passt und was nicht. Große Zeitarbeitsfirmen setzen bei den *Marktparzellierungsstrategien* auf die Marktsegmentierung nach Wirtschaftszweigen/Branchen oder Regionen. Die Unternehmensgröße spielt weniger eine Rolle; lediglich Großkunden werden besonders betreut. Porters *Strategie der Differenzierung* oder Spezialisierung ist aus Expertensicht bei großen Anbietern nur schwer umsetzbar. Die Managerin hielt lediglich eine Aufteilung in den gewerblichen Bereich (blue colour) und kaufmännischen Bereich (white colour) für sinnvoll. Bei manchen Niederlassungen könnte zusätzlich eine „special unit“ für besondere Wachstumsmärkte eingerichtet werden. Die Expertin favorisierte bei der *Marktarealstrategie* eine Erweiterung des Domestic Marketing um internationale Elemente, wie zum Beispiel das Sponsoring in der Formel 1 oder im Segelsport. Damit kann der Bekanntheitsgrad und das Image gesteigert werden. Bei den Marktstimulicrungsstrategien passt aus ihrer Sicht nur eine Präferenz-/Hochpreispolitik zu großen Anbietern. Diese dürften keine „Billigheimer“ sein. Die Strategie der Kostenführerschaft hielt sie auch beim alleinigen Vergleich mit anderen großen Zeitarbeitsfirmen für nicht sinnvoll.

Instrumente des Marketing-Mix

Die Managerin widersprach der These, dass der Service des Disponenten gegebenenfalls wichtiger sein könnte, als die Qualifikation des Zeitarbeitnehmers. Sie hält beide Elemente für gleichwichtig. Sie zählte die Markenpolitik und die bewusste Gestaltung des Arbeitnehmerüberlassungsvertrages zu den wichtigen Bereichen der *Leistungspolitik*. Die Qualitätssicherung sollte durch Kundenbefragungen, Betriebsbesuche der Disponenten und Gespräche mit dem Entleihbetrieb und dem Zeitarbeitnehmer am Ende eines Einsatzes erfolgen. Zu dem Vorschlag einer HR-Beratung im Sinne einer „Durchleuchtung“ des gesamten Entleihbetriebes, um Möglichkeiten der Optimierung des Personaleinsatzes aufzuzeigen, hatte sie ein differenziertes Bild. Nach ihrer Meinung kann ein normaler Disponent aufgrund seiner Standardqualifikation zumindest einen so genannten „Quick-Scan“ leisten und dem Betrieb Vorschläge unterbreiten. Wenn ein Betrieb Interesse an On-Site-Management hat und dabei in der Regel mindestens 40 Zeitarbeitnehmer einsetzen möchte, bereiten besonders geschulte Prozessmanager diese Dienstleistung vor. Sie verfügen über Branchenkompetenz und hohe analytische Fähigkeiten, die über das Niveau der Disponenten hinausgehen.

Die Expertin stimmte mit der Konzeption überein, was eine einfache und transparente *Preispolitik* für Zeitarbeitsfirmen angeht. Die Kalkulation sollte sich aus ihrer Sicht an den Kosten der Zeitarbeitsfirma und der Zahlungsbereitschaft der Kunden (dem Tarifniveau der Entleihbranche) orientieren. Sie bestätigte die Ansicht, dass die Preise und die Marge überproportional mit der Qualifikation des Zeitarbeitnehmers steigen. Der Wettbewerb sollte keinesfalls auf den Preis reduziert werden. Bei Ausschreibungen darf ein großer Anbieter nicht versuchen neues Geschäft zu jedem Preis zu gewinnen.

Die Kommunikationspolitik ist nach Meinung der Expertin für eine erklärungsbedürftige Dienstleistung wie die Zeitarbeit sehr wichtig. Sie sah ebenfalls den Disponenten und die Homepage als wichtige Träger der Kommunikation an. Klassische Werbung macht auch aus ihrer Sicht nur in Branchen- und Fachzeitschriften Sinn. In der Praxis dienen die Öffentlichkeitsarbeit und Medienkooperationen der Imagepflege. Neue Kunden werden nicht alleine mit genau geplanten Aktionen, ausgehend von Pilotprojekten und Referenzkunden mit Mailings oder Telefonmarketing gewonnen. Der Disponent muss auch eine von ihr so bezeichnete „Gebietserwanderung“ durchführen. Darunter versteht sie einen „Kaltbesuch“ bei allen größeren Betrieben im Niederlassungsbezirk.

Die Expertin sah wie im Theoriekonzept die Lage der Niederlassungen und den Verkauf alleine durch eigenes Personal als die wichtigsten Entscheidungen im Rahmen der *Distributionspolitik* an. Die Unternehmenskunden nähmen fast ausschließlich telefonisch Kontakt mit Zeitarbeitsfirmen auf. Die Bewerbergewinnung wird aber durch eine möglichst zentrale Lage der Niederlassungen in Innenstädten erleichtert. Große Zeitarbeitsfirmen besitzen immer ein Key-Account-Management.
Die *Personalpolitik* alleine auf das interne Personal von Zeitarbeitsfirmen zu reduzieren, hielt die Expertin für vertretbar. Sie betonte die Bedeutung der Branchenerfahrung von Bewerbern für die Position eines Vertriebs- beziehungsweise Personaldisponenten. Sie hält eine personelle Trennung der beiden wichtigen Funktionen Kundengewinnung (Vertrieb) und Bewerbergewinnung (Rekrutierung) für nicht sinnvoll. Nach ihrer Meinung müssen die Disponenten sowohl im Vertrieb, in der Rekrutierung und im rechtlichen Bereich geschult werden. Der Ansicht, dass die Disponenten über zu wenig analytische Fähigkeiten verfügen und deshalb ein höherer Anteil an Akademikern eingestellt werden sollte, mochte sie sich nicht so recht anschließen. Sie betonte, dass bei größeren und tiefergehenden Beratungsaufträgen alle großen Zeitarbeitsfirmen spezielle Prozessmanager einsetzen und diese aus ihrer Sicht über alle erforderlichen Fähigkeiten verfügen.
Die Managerin bestätigte die Vermutung, dass große Zeitarbeitsfirmen die Bedeutung einer Prozessbetrachtung erkannt haben und alle Standardprozesse mit IT-Unterstützung erfolgen. Der Disponent bearbeitet einen Auftrag alleine und könnte tatsächlich als eine Art „case worker" bezeichnet werden. Für Großkunden sind spezielle E-Lösungen mit geschützten Bereichen im Internet entwickelt worden, über die der Entleihbetrieb die Personalanforderung, die Eingabe der geleisteten Stunden und die Abrechnung der entstandenen Kosten vornehmen kann.

Sie kam abschließend zum Gesamturteil, dass die ihr vorgestellte theoriegeleitete Konzeption einen sehr guten Ansatz darstellt. Sie schätzte die gemachten Vorschläge alle als relevant für das Marketing von großen Zeitarbeitsfirmen ein. Das Konzept ist aus ihrer Sicht auch vollständig und müsste auf dieser abstrakten und übergeordneten Ebene nicht weiter ergänzt werden und könnte einer Firma tatsächlich als Leitfaden dienen, so die Expertin.

5 Integration von theoriegeleiteter Marketingkonzeption und von empirischen Erkenntnissen

Das Experteninterview hat gezeigt, dass die theoriegeleitete Marketingkonzeption für große Zeitarbeitsfirmen vollständig und relevant ist. Die einzelnen Ziele, Strategien und Instrumente bedurften keiner grundlegenden Änderung. Lediglich die weitere Untergliederung wurde vor allem auf der Ebene der Instrumente um die Anregungen der Expertin ergänzt.

Die folgende Abbildung zeigt die Konzeption in Form einer Pyramide, mit ihren drei aufeinander aufbauenden Bestandteilen, auf einen Blick.

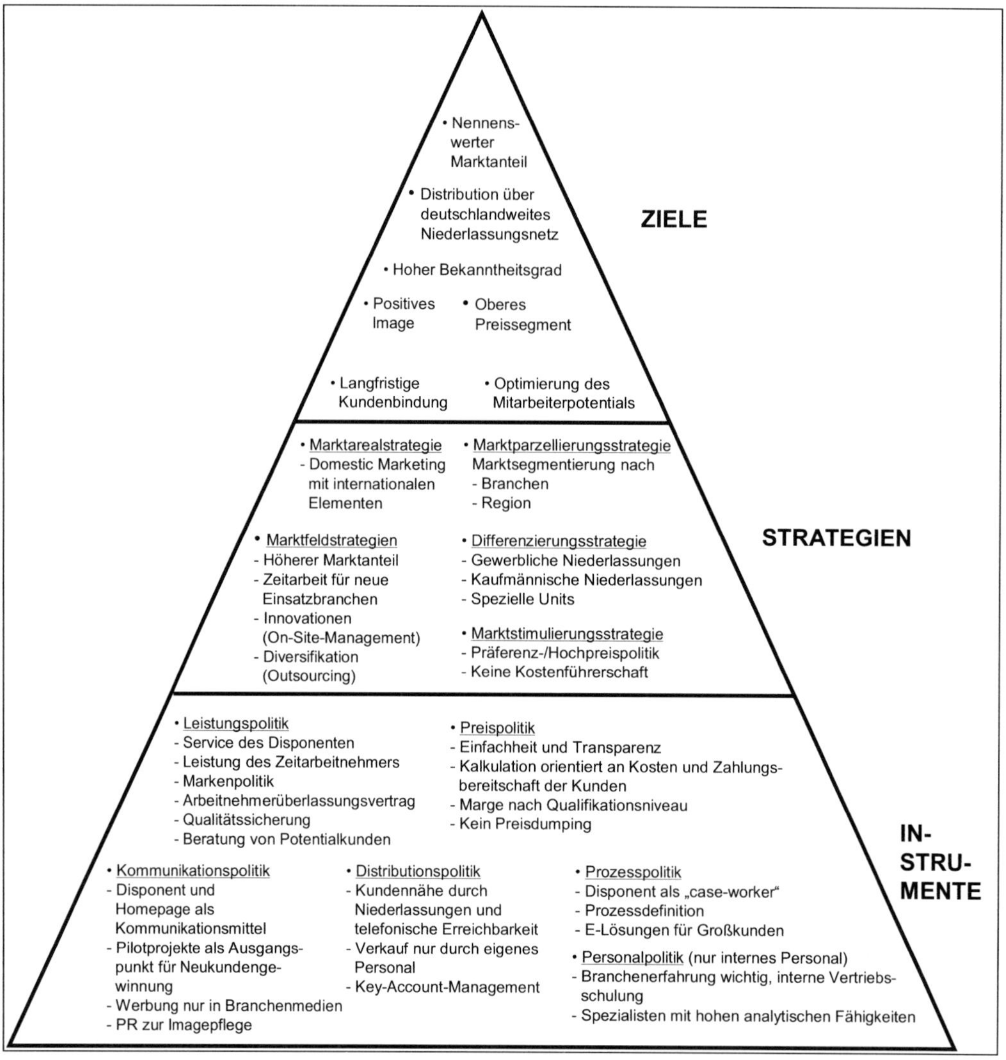

Abbildung 11: Pyramide einer integrierten Marketingkonzeption, Quelle: Eigene Darstellung (ähnlich Forsmann (2005), S. 239)

6 Schlussbetrachtung

An dieser Stelle sollen nun die gefundenen Ergebnisse abschließend zusammengefasst und kritisch gewürdigt werden. Es wird zusätzlich der Bedarf für weitere Forschung aufgezeigt.

6.1 Zusammenfassung der Untersuchung

Diese Studie konnte die gesetzten Ziele weitgehend erfüllen. Es gelang den Markt für Zeitarbeit detailliert und facettenreich zu beschreiben. Dabei wurde deutlich, dass die Zeitarbeit eine besondere Konstruktion mit drei Beteiligten ist, die auf das Arbeitnehmerüberlassungsgesetz zurückzuführen ist. Sie ist dabei nur eine von vielen Personaldienstleistungen. Es gibt eine große Zahl an benachbarten Märkten und indirekten Wettbewerbern, die mit ihren unternehmensbezogenen Dienstleistungen in Konkurrenz zur Zeitarbeit stehen.

Die Marktentwicklung der vergangen Jahre zeigt ein stürmisches Wachstum und starke Schwankungen bei der Zahl der überlassenen Zeitarbeitnehmer und dem erzielten Umsatz der Zeitarbeitsfirmen. Der Markt für Zeitarbeit stellt sich als stark fragmentiert dar, weshalb eine Konsolidierung zu erwarten ist. Noch besetzen die internationalen Player und weiteren deutschlandweiten Anbieter nur einen relativ kleinen Teil des Marktes. Es ist immer noch die inhabergeführte, regionale Zeitarbeitsfirma vorherrschend. Das Dienstleistungsprogramm der Zeitarbeit wurde in den letzten Jahren im Kontext mit rechtlichen Änderungen um das On-Site-Management erweitert. Die Nachfrage nach Zeitarbeit wird weiterhin von Großbetrieben mit mehr als 500 Mitarbeitern bestimmt. Neben dem verarbeitenden Gewerbe, Handwerk und der Industrie nehmen zunehmend auch Dienstleistungsbetriebe die Zeitarbeit in Anspruch. Dabei gelang es den Anbietern insgesamt noch nicht, sich aus der Rolle des Verleihers von zeitlich befristet benötigten Helfern zu befreien. Neben den Berufen der Metall- und Elektroindustrie haben auch die allgemeinen Dienstleistungsberufe in der Zeitarbeit ein lediglich einfaches bis mittleres Qualifikationsniveau.

Der deutsche Zeitarbeitsmarkt steht vor zahlreichen Herausforderungen. Gerade in den hochentwickelten Volkswirtschaften Europas und deutschen Nachbarländern ist ein größerer Anteil der Erwerbspersonen in Zeitarbeit beschäftigt. Dies spricht für einen Nachholbedarf des deutschen Marktes. Dabei sind aber die spezifisch deutschen Einflussfaktoren der Nutzung von Zeitarbeit zu beachten. An erster Stelle die gesetzlichen Rahmenbedingungen – unter anderem das Arbeitnehmerüberlassungsgesetz. Daneben spielen die neuen Tarifverträge für Zeitarbeit und das Tarifniveau von Entleihbranchen eine erhebliche Rolle. Auch der kulturelle Hintergrund Deutschlands und das Image der Zeitarbeit beeinflussen deren Nachfrage. Der zunehmende Flexibilitätsbedarf der Unternehmen hat zum positiven Trend der Zeitarbeit beigetragen. Ein wichtiger Einflussfaktor wird daneben immer die gesamtwirtschaftliche Entwicklung in Deutschland bleiben.

Es wurde versucht den Stellenwert des Marketing für Zeitarbeitsfirmen zu klären. Gerade ein Markt im Umbruch verlangt nach professionellem Marketing als Reaktion auf Veränderungen. Von diesen Zwängen sind besonders die großen Anbieter betroffen. Deshalb wurde die weitere Untersuchung auf diese Unternehmen beschränkt. Zwei Branchenexperten äußerten sich skeptisch hinsichtlich der Professionalität des Marketing von Zeitarbeitsfirmen. Deshalb wurde versucht für diese Anbieter eine idealtypische Marketingkonzeption zu entwerfen.

Die theoriegeleitete Marketingkonzeption basiert auf der neuen Institutionenökonomie mit der Transaktionskostentheorie, der Theorie der Property Rights und der Principal-Agent-Theorie. Daneben konnten auch aus dem Dienstleistungsmarketing Erkenntnisse abgeleitet werden und die Dreigliederung von Becker mit Zielen, Strategien und Instrumenten gab den Bezugsrahmen der Konzeption ab.

Das Experteninterview mit der Marketingmanagerin einer der fünf größten Zeitarbeitsfirmen in Deutschland bestätigte das Theoriekonzept weitgehend. Lediglich für die weitere Untergliederung der Strategien und Instrumente ergaben sich einige wertvolle Anregungen.

6.2 Ansatzpunkte für weitere Forschung

Es ist bereits an anderer Stelle beschrieben worden, dass man das Marketing von Zeitarbeitsfirmen als noch weitgehend unerforschtes Feld bezeichnen kann. Im Rahmen dieser Arbeit wurde der Zeitarbeitsmarkt beschrieben und eine idealtypische Marketingkonzeption aus geeigneten Theorien heraus entwickelt. Diese Konzeption konnte durch ein Experteninterview ergänzt und bewertet werden. Es wäre wünschenswert gewesen, wenn eine ganze Serie von Experteninterviews mit allen fünfzehn großen Anbietern in Deutschland hätte geführt werden können. Diese umfangreiche Forschung ginge aber über die Möglichkeiten und denkbaren Ziele dieser Studie weit hinaus. Für die Zukunft ist eine quantitative Forschung zum Marketing von Zeitarbeitsfirmen

wünschenswert, die gegebenenfalls bestehende Unterschiede beim Vorgehen der Anbieter getrennt nach den verschiedenen Größenklassen (Typologien) herausarbeitet. Auch das Zusammenspiel der verschiedenen Organisationseinheiten wie den Abteilungen für Marketing, Öffentlichkeitsarbeit und Unternehmensstrategie auf der Ebene der Unternehmenszentrale sowie einer mittleren regionalen Ebene (zum Beispiel Nord, Mitte, Süd) und den einzelnen Niederlassungen ist noch unbekannt.
Inhaltlich wäre beim Marketing für Zeitarbeitsfirmen unter anderem eine Erfolgsfaktorenforschung, die Überprüfung und Erweiterung einer theoriegeleiteten Marketingkonzeption oder eine Beschreibung der Marketingaktivitäten verschiedener Anbieter in Form von Fallstudien denkbar. Vielleicht könnte man auch die Vorstellungen und Schwerpunktsetzungen von Anbietern und Nachfragern gegenüberstellen, um zu erkennen, ob die Zeitarbeitsfirmen die Bedürfnisse ihrer Kunden richtig einschätzen.

Der Zeitarbeitsmarkt stellt ein interessantes Forschungsfeld dar und es wäre zu begrüßen, dass er die Aufmerksamkeit findet, die andere unternehmensbezogene Dienstleistungsbranchen längst gefunden haben.

Quellenverzeichnis

Literatur

Alewell, D./ Friedrich, C./ Martin, S. (2004): Gleichbehandlungsgrundsatz: Ende der Zeitarbeit? Ausgewählte betriebliche Wirkungen der Zeitarbeit aus ökonomischer Perspektive, in: Struck, O./Köhler, Ch. (Hrsg.) Beschäftigungsstabilität im Wandel - empirische und theoretische Befunde, München und Mering, S. 227 - 246

Ammermüller, A./ Boockmann, B. (2004): Die Hartz-Reformen aus der Sicht der Zeitarbeitsbetriebe, in: Vogel, B. (Hrsg.), Leiharbeit – Neue sozialwissenschaftliche Befunde zu einer prekären Beschäftigungsform, Hamburg, S. 85 - 97

Atteslander, P. (2000): Methoden der empirischen Sozialforschung, 9. Auflage, Berlin

Barchewitz, Ch./ Armbrüster, Th. (2004): Unternehmensberatung – Marktmechanismen, Marketing, Auftragsakquisition, Wiesbaden

Baum, A. (1996): Zeitarbeit: Mehr als ein Job – Alles, was Sie über Chancen, Rechte und Risiken wissen müssen, Frankfurt a.M.

Becker, F. (1988): Abgrenzung der Arbeitnehmerüberlassung gegenüber Werk- und Dienstverträgen, in: Der Betrieb, Heft 50/1988, S. 2561 - 2567

Becker, J. (2001): Marketing-Konzeption – Grundlagen des ziel-strategischen und operativen Marketing-Managements, 7. Auflage, München.

Bellmann, L. (2004): Zur Entwicklung der Leiharbeit in Deutschland – Theoretische Überlegungen und empirische Ergebnisse aus dem IAB-Betriebspanel, in: Sozialer Fortschritt, Heft Nr. 6/2004, S. 135 - 143

Bellmann, L./ Promberger, M. (2002): Zum betrieblichen Einsatz von Leiharbeit – Erste Ergebnisse einer Pilotstudie, in: WSI-Mitteilungen, Heft 8/2002, S. 484 - 487

Bellmann, L./ Promberger, M./ Theuer, S. (2003): Verbreitung und Nutzung von Leiharbeit im Jahre 2002 – eine Bestandsaufnahme, in: arbeit und beruf Heft 8/2003, S. 232 - 235

Bellmann, L./ Promberger, M./ Theuer, S. (2005): Leiharbeit in der Praxis – Nach wie vor kein Hit, in: IAB-Forum Nr. 1/2005, S. 18 - 23

Bispinck, R. (2004): Tarifpolitischer Jahresbericht 2003: Konflikt um Tarifautonomie – Kampf um Lohnprozente, in: WSI Mitteilungen Nr. 2/2004, S. 63 – 70

Bitter, K. (2005): Telefonat über das Marketing von Zeitarbeitsfirmen vom 28.06.2005

Böhm, W. (2003): „Billig-Tarifverträge“ in der Zeitarbeit – Risiken für die Kunden, in: Der Betrieb Heft 48/2003, S. 2598 – 2599

Böhm, W. (2005): „Zweite Belegschaften“: Mehr Flexibilität und geringere Personalkosten durch On-Site-Management, in: NZA Heft 10/2005, S. 554 - 563

Böhmer, R. (2004): Zeitarbeit – Wie Schrauben, in: Wirtschaftswoche Heft Nr. 7/2004, S. 48 und 49

Bröckermann, R. (2002): Anforderungsprofile im Vertrieb, in: Pepels, W. (Hrsg.) Handbuch Vertrieb, München, S. 539 - 551

Bruhn, M./ Meffert, H. (2002): Wettbewerbsüberlegenheit durch exzellentes Dienstleistungsmarketing, in: Bruhn, M./ Meffert, H. (Hrsg.) Exzellenz im Dienstleistungsmarketing – Fallstudien zur Kundenorientierung, Wiesbaden

Bundesministerium für Wirtschaft und Arbeit (Hrsg.) (2005): Textsammlung Verbandstarifverträge im Bereich Zeitarbeit, Bonn

Ditges, F. (2000): Zeitarbeit – Chancen und Risiken einer modernen Beschäftigungsvariante, Bonn.

Dannenberg, H. (2002): Key-Account-Management, in: Pepels, W. (Hrsg.) Handbuch Vertrieb, München, S. 573 - 588

Dormann, F. (2001): Entwicklung der Zeitarbeit in Deutschland 1995 bis 2000 – Abschlussbericht der Social Consult GmbH im Auftrag des Bundesverbandes Zeitarbeit Personal-Dienstleistungen e.V., Bonn

Fischer, M. (1993): Make-or-Buy-Entscheidungen im Marketing – Neue Institutionen-Lehre und Distributionspolitik, Wiesbaden.

Forsmann, D. (2005): Marketing für Dienstleistungsagenturen – Eine empirische Untersuchung im Markt für haushaltsnahe Dienstleistungen, München und Mering.

Franken, H. (2003): Zeitarbeit - Weniger Restriktionen, höhere Kosten, in: Personalwirtschaft Nr. 10/2003, S. 34 – 37

Friedrich, C./ Martin, S. (2004): Personalwirtschaftliche Wirkungen von Zeitarbeit – Eine theoretische Analyse des Kooperations- und Leistungsverhaltens beim Einsatz von Leih- im Vergleich zu Normalarbeitnehmern, in: Zeitschrift für Personalforschung, Heft 2/2004, S. 207 - 221

Fröhlingsdorf, M./ Tietz, J. (2004): Hartz gescheitert? Pleite nach Maß, in: Spiegel Heft Nr. 9/2004 vom 21.02.2004

Frik, R. (2005): Die Befristung von Leiharbeitsverträgen nach dem Teilzeit- und Befristungsgesetz, in: Neuere Zeitschrift für Arbeitsrecht (NZA), Heft 7/2005, S. 386 - 390

Hamann, W. (2003): Werkvertrag oder Arbeitnehmerüberlassung, in: Arbeit und Arbeitsrecht, Heft 4/2003, S. 20 - 25

Hammer, M. (1996): Business Reengineering – Die Radikalkur für das Unternehmen, 6. Auflage, Frankfurt a.M.

Hofstede, G. (2001): Lokales Denken, globales Handeln – Interkulturelle Zusammenarbeit und globales Management, 2. Auflage, München.

Jahn, E. J./ Rudolph, H. (2002a): Zeitarbeit Teil I – Auch für Arbeitslose ein Weg mit Perspektive, IAB Kurzbericht Nr. 20/2002, Nürnberg

Jahn, E. J./ Rudolph, H. (2002b): Zeitarbeit Teil II – Völlig frei bis streng geregelt: Variantenvielfalt in Europa, IAB Kurzbericht Nr. 21/2002, Nürnberg

Jahn, E. J. (2004): Leiharbeit – für Arbeitslose (k)eine Perspektive?, in: Van Anken, A./Grözinger, G. (Hrsg.): Ungleichheit und Umverteilung, Marburg, S. 215 - 236

Jahn, E. J./ Wolf, K. (2005): Flexibilität des Arbeitsmarktes – Entwicklung der Leiharbeit und regionale Disparitäten, IAB Kurzbericht Nr. 14/2005, Nürnberg

Klös, H.-P. (2000): Zeitarbeit – Entwicklungstrends und arbeitsmarktpolitische Bedeutung, in: iw Trends 1/2000, S. 5 – 20

Kotler, P./ Bliemel, F. (2002): Marketing-Management, 10. Auflage, Stuttgart

Kuntz, B. (2003): Zeitarbeit – Das Klagen der Notnägel, in: Personalwirtschaft Heft 1/2003, S. 50 - 53

Kvasnicka, M./ Werwatz, A. (2002): Lohneffekte der Zeitarbeit, in: Wochenbericht des DIW Berlin Nr. 49/2002

Kvasnicka, M./ Werwatz, A. (2003): Arbeitsbedingungen und Perspektiven von Zeitarbeitern, in: Wochenbericht des DIW Berlin Nr. 46/2003

Lembke, M. (2003): Die „Hartz-Reform" des Arbeitnehmerüberlassungsgesetzes, in: Betriebsberater Heft 2/2003, S. 98 - 104

Matiaske, W./ Kabst, R. (2002): Outsourcing und Professionalisierung der Personalarbeit – Eine transaktionskostentheoretisch orientierte Studie, in: Martin, A./ Nienhüser, W. (Hrsg.), Neue Formen der Beschäftigung – neue Personalpolitik?, München und Mering, S. 247 – 271

Meffert, H./ Bruhn, M. (2003): Dienstleistungsmarketing – Grundlagen, Konzepte, Methoden, 4. Auflage, Wiesbaden.

Mitlacher, L. W. (2003): Zeitarbeit als personalpolitisches Instrument in kleinen und mittleren Unternehmen, in: Personal Nr. 1/2003, S. 20 – 23

Mitlacher, L. W. (2004): Zeitarbeit in Deutschland und den USA – Eine vergleichende Analyse von Einflussfaktoren auf die Nutzung von Zeitarbeit, Lohmar

Mitlacher, L. W. (2005): Equal-Pay – Das Ende der Zeitarbeit? Eine ökonomische Analyse der Wirkungen des Urteils des Bundesverfassungsgerichts zur Zeitarbeit, in: Sozialer Fortschritt Nr. 4/2005, S. 97 – 103

Mühlbacher, H./ Thelen, E. (2002): Neue Entwicklungen im Dienstleistungsmarketing, Wiesbaden.

Münchhausen, G. (2005): Weiterbildung für Leiharbeitnehmer: Ansätze für eine bessere Kompetenzentwicklung, in: Personalführung Heft 1/2005, S. 30 - 37

Neus, W. (2003): Einführung in die Betriebswirtschaftslehre aus institutionenökonomischer Sicht, 3. Auflage, Tübingen.

Nienhüser, W./ Baumhus, W. (2002): Einsatz von Fremdpersonal, in: Martin, A./Nienhüser, W. (Hrsg.), Neue Formen der Beschäftigung – neue Personalpolitik?, München und Mering, S. 61 - 120

Nienhüser, W./ Becker, Ch. (2000): Betriebliche Personalforschung – Eine problemorientierte Einführung, Berlin

Nienhüser, W./ Matiaske, W. (2003): Der „Gleichheitsgrundsatz" bei Leiharbeit – Entlohnung und Arbeitsbedingungen von Leiharbeitern im europäischen Vergleich, in: WSI Mitteilungen Nr. 8/2003, S. 466 - 473

Pfeiffer, R. E./ Paltauf, A. (2003): Die Effizienz von Freisetzungen ist kalkulierbar, in: Personalwirtschaft Nr. 2/2003, S. 42 - 46

Promberger, M./ Theuer, S. (2004): Welche Betriebe nutzen Leiharbeit? Verbreitung und Typik von Entleihbetrieben und Arbeitsumwelten von Leiharbeitern, in: Vogel, B. (Hrsg.), Leiharbeit – Neue sozialwissenschaftliche Befunde zu einer prekären Beschäftigungsform, Hamburg, S. 34 - 60

Reipen, M. (2003): Vermittlungsorientierte Arbeitsvermittlung durch die Personal-Service-Agentur (PSA), in: Betriebsberater Heft 15/2003, S. 787 - 791

Schade, Ch. (1997): Marketing für Unternehmensberatung, 2. Auflage, Wiesbaden

Scheiff, D. (2003): Zeitarbeit – Kosten sparen mit Equal-Pay, in: Personalwirtschaft Nr. 1/2003, S. 59

Schenck, U. (2002): Flexibilisierung betrieblicher Arbeitsmärkte – Fallstudien strategischer Nutzung der Zeitarbeit, München und Mering

Schenck, U. (2004): Arbeitnehmerüberlassung im Rahmen der Flexibilisicrung bctricblicher Arbeitsmärkte – Zwei Fallstudien über Ursachen und strategische Nutzung, in: Vogel, B. (Hrsg.), Leiharbeit – Neue sozialwissenschaftliche Befunde zu einer prekären Beschäftigungsform, Hamburg, S. 98 – 118

Schönfeld, Th. (2003): Zeitarbeit – eine Branche im Umbruch, in: Arbeit und Arbeitsrecht, Heft 9/2003, S. 8 – 15

Schwantes, K. (2000): Das professionelle 1x1 der Zeitarbeit, 2. Auflage, Berlin

Thüsing, G. (2003): Equal pay bei Leiharbeit – Zur Reichweite der Gleichbehandlungspflicht nach dem AÜG, in: Der Betrieb Heft Nr. 8/2003, S. 446 - 451

Timm, P. (2004): Zeitarbeit als Thema der Unternehmens-PR, in: Fachjournalist Nr. 15/2004, S. 15 - 18

Ulber, J. (2003): Personal-Service-Agenturen und Neuregelung der Arbeitnehmerüberlassung, in: Arbeit und Recht Heft Nr. 1/2003, S. 7 - 15

Urban-Crell, S./ Schulz, Ch. (2003): Arbeitnehmerüberlassung und Arbeitsvermittlung, München

Vogel, B. (2004): Mittendrin, aber nicht dabei, in: Vogel, B. (Hrsg.) Leiharbeit – Neue Sozialwissenschaftliche Befunde zu einer prekären Beschäftigungsform, Hamburg.

Vosberg, D. (2003): Der Markt für Personaldienstleistungen – Ökonomische Analyse von Nachfrage und Angebot, Wiesbaden

Watzka, K. (1999): Personalleasing: Struktur und rechtlicher Rahmen, in: WISU Heft 12/1999, S. 1619 - 1624

Watzka, K. (2000a): Einsatz von Zeitarbeit in den Unternehmen – Ergebnisse einer empirischen Studie, in: Personal Nr. 1/2000, S. 43 – 48?

Watzka, K. (2000b): Personalleasing – eine kritische Bewertung, in: WISU Heft 3/2000, S. 321 - 326

Wierlemann, F. (1995): Zeitarbeit in der Bundesrepublik Deutschland und den Niederlanden: eine vergleichende Untersuchung über Zeitarbeitsunternehmen, Entleihunternehmen und Zeitpersonal, Frankfurt a. M.

Wilkens, I. (2004): Zwischen Flexibilität und Sicherheit – Leiharbeit in den Niederlan den, in: Vogel, B. (Hrsg.), Leiharbeit – Neue sozialwissenschaftliche Befunde zu einer prekären Beschäftigungsform, Hamburg, S. 166 - 182

Winkelmann, P. (2003): Vertriebskonzeption und Vertriebssteuerung – die Instrumente des integrierten Kundenmanagements (CRM), München, 2. Auflage

Wittwer, W./ Münchhausen, G. (2001): Kompetenzentwicklung von Leiharbeitskräften, in: Personalwirtschaft Heft 6/2001, S. 62 - 68

Zerres, M. (2000): Marketing, 1. Auflage, Stuttgart.

Internet

Ammermüller, A. und andere (2003): Die ZEW-Erhebung bei Zeitarbeitsbetrieben – Dokumentation der Umfrage und Ergebnisse von Analysen, download von ftp://ftp.zew.de/pub/zew-docs/docus/dokumentation0307.pdf, gespeichert am 26.07.2005

Bundesagentur für Arbeit (2004): Bestand in PSA, download von http://www.pub.arbeitsamt.de/hst/services/statistik/000100/html/monat/200406.pdf, gespeichert am 23.09.2005

Bundesagentur für Arbeit (2005a): Arbeitsmarkt in Zahlen – Arbeitnehmerüberlassung 2. Halbjahr 2004, download von http://www.pub.arbeitsamt.de/hst/services/statistik/200412/iiia6/aueg/auegd.pdf, gespeichert am 17.08.2005

Bundesagentur für Arbeit (2005b): Job-Vermittlung, download von http://www.arbeitsagentur.de/vam/vamController/ CMSConversation/anzeigeContent?navId=60827&rqc=5&ls=false&ut=0, gespeichert am 08.10.2005

Bundesministerium für Wirtschaft und Arbeit (2005): 10. Erfahrungsbericht zur Arbeitnehmerüberlassung, download von http://www.bmwa.bund.de/Redaktion/Inhalte/Pdf/XYZ/zehnter-bericht-arbeitnehmerueberlassung,property=pdf, bereich=, sprache=de,rwb=true.pdf, gespeichert am 08.10.2005

Clement, W. (2002): Rede im Deutschen Bundestag vom 07.11.2002 zur Verabschiedung der Änderungen des Arbeitnehmerüberlassungsgesetzes, download von http://www.bmwa.bund.de/Navigation/Presse/reden-und-statements, did=5466.html, gespeichert am 19.04.2004

CIETT (2004): euroCIETTstatistics2004, download von http://www.ciett.org/download.php?file=stats.doc&upath=/shared_resources/uploads/info/stats//, gespeichert am 03.10.2005

DIHK (Hrsg.) (2003): Zeitarbeit am Scheideweg – Die Folgen der rechtlichen Neuregelung in der Zeitarbeit, Ergebnisse einer DIHK-Unternehmensbefragung Frühjahr 2003, download von http://www.randstad.de/content/download/ueber/downloads/print/050510_zeitarbeit-studien-ihk-umfrage_zeitarbeit.pdf, gespeichert am 08.07.2005

DIS AG (2005): Geschäftsbericht 2004, download von http://www.dis-ag.com/static/download/investor_reports/annualreport_2004_de.pdf, gespeichert am 08.07.2005

Ernst & Young (2004): Personaldienstleistungen in Deutschland – Auf zu neuen Größen, download von http://www.ey.com/global/download.nsf/germany/Studie_Personaldienstleistungen_2004/$file/Personaldienstleistungen_2004.pdf, gespeichert am 16.03.2005

Gottinger, J.-M./ Suberg, S. (2001): Personal-Leasing in Deutschland – Zeit für neue Strategien? Eine Initiative der Dr. Wieselhuber & Partner GmbH Unternehmensberatung, München, download von http://www.randstad.de/content/download/ueber/downloads/print/050510_zeitarbeit-studien-wiesenhuberund partner.pdf,
gespeichert am 26.06.2005

IAB (2005): Infos zum Betriebspanel und Zahl der befragten Betriebe von 1993 bis 2004, download von http://betriebspanel.iab.de/infos.htm,
gespeichert am 14.10.2005

Interconnection Consulting Group (2005): Kommt Aufschwung, kommt Zeitarbeit, download von http://www.interconnectionconsulting.com/de/PresseTemplate.php?view=17,
gespeichert am 17.09.2005

Lünendonk (2005): Führende Zeitarbeits- und Personaldienstleistungsunternehmen in Deutschland 2005, download von http://www.luenendonk.de/zeitarbeit.php,
gespeichert am 19.07.2005

o.V. (2005a): Rahmen-Arbeitnehmerüberlassungsvertrag, download von http://www.randstad.de/content/download/ueber/downloads/print/050502_zeitar beitmustervertraege-ranuev.pdf,
gespeichert am 08.07.2005

o.V. (2005b): Arbeitnehmerüberlassungsvertrag, download von http://www.randstad.de/content/download/ueber/downloads/print/050502_zeitarbeit-mustervertraege-arbeitnehmerueberlassungsvertrag.pdf,
gespeichert am 08.07.2005

Randstad (2004): Optimierung bereits praktizierter Vertrauensarbeitszeit durch klare „Spielregeln“, download von http://www.bmgs.bund.de/de/asp/arbeitszeitmodelle/ dokument1.asp?id=102,
gespeichert am 19.11.2004

Randstad (2005): Geschäftsbericht 2004, download von http://www.randstad.de/content/download/annual_report_2004.zip,
gespeichert am 18.07.2005

Statistisches Bundesamt (2005): Preisbereinigte Veränderungsrate des BIP, download von http://www.destatis.de/download/d/vgr/biplangereihe.xls,
gespeichert am 30.09.2005